Wandern an der Mosel

Eberhard Schmitt-Burk

W0209420

DUMONT aktiv

Inhalt

Bitte schreiben Sie uns, wenn sich etwas geändert hat!
Alle in diesem Buch enthaltenen Angaben wurden vom Autor nach bestem Wissen erstellt und von ihm und dem Verlag mit größtmöglicher Sorgfalt überprüft. Gleichwohl sind – wie wir im Sinne des Produkthaftungsrechts betonen müssen – inhaltliche Fehler nicht vollständig auszuschließen. Daher erfolgen die Angaben ohne jegliche Verpflichtung oder Garantie des Verlages oder des Autors. Beide übernehmen keinerlei Verantwortung und Haftung für etwaige inhaltliche Unstimmigkeiten. Wir bitten dafür um Verständnis und werden Korrekturhinweise gerne aufgreifen:

DuMont Reiseverlag, Postfach 10 10 45, 50450 Köln
E-Mail: info@dumontreise.de

Wandern an der Mosel

Wandersaison

Im Moseltal und in den angrenzenden Eifel- und Hunsrückbergen kann man zu allen Jahreszeiten wandern. Wanderhochsaison ist in der Zeit von Mai bis Oktober. Besonders reizvoll sind der blütenreiche Mai und die Herbstwochen im September/Oktober. Bitte beachten Sie, dass ein Teil der Routen durch Weinberge führt, die während der Weinlese geschlossen sind.

Anspruch

In der Rubrik ›Die Wanderung in Kürze‹ wird jeweils darauf hingewiesen, ob es sich bei der Wanderung um eine einfache (+), eine mittelschwere (++) oder eine anspruchsvolle (+++) Tour handelt.

Gehzeiten

Bitte beachten Sie: Alle in diesem Wanderführer aufgeführten Zeiten verstehen sich als reine Gehzeiten. Rechnen Sie bei der Planung einer Tour noch ein Fünftel bis ein Viertel der Zeit hinzu, um Pausen für die Rast, zum Fotografieren, zum Beobachten der Pflanzen- und Tierwelt oder für die Besichtigung herausragender Kulturdenkmäler am Wege zu berücksichtigen. Auch durch heftige Regenfälle glitschig gewordene Pfade können die Wanderzeit erheblich verlängern. Bei Hochwasser sind die Wege am Moselufer überschwemmt. Aber auch in den Tagen danach macht Wandern hier keinen Sinn, weil die Wege noch eine Weile von einer schmierigen Schlammschicht überzogen sind.

Wege und Markierungen

Die meisten Wanderwege der Moselregion weisen z. T. erhebliche Mängel in der Markierung auf. Ferner kommen in diesem Buch auch einige Routen vor, auf denen überhaupt keine Markierungen existieren. Deshalb sind für fast alle Touren

Wanderkarten mit kleinem Maßstab von großem Nutzen.

Ausrüstung

Feste, bequeme Wanderschuhe sind nicht nur für die längeren und anspruchsvolleren Touren zu empfehlen. Die Kleidung sollte der Witterung entsprechen. Je nach Wetterlage sollte auch an Regen- und Sonnenschutz gedacht werden.

Wanderkarten

Zu empfehlen sind die vom Landesvermessungsamt Rheinland-Pfalz herausgegebenen topografischen Karten im Maßstab 1:25 000 mit Wander- und Radwanderwegen. Allerdings ist keine dieser Karten völlig fehlerfrei. Ferner lohnt es sich, auf Wanderkarten von Verbandsgemeinden zurückzugreifen, sofern diese den günstigen Maßstab 1:25 000 aufweisen und mit Hilfe des Landesvermessungsamtes erstellt wurden.

Mit Bus, Bahn und Schiff

Im Bereich der Untermosel (Koblenz–Cochem) kann man auf der linken Seite auf häufige Bahn- und auf der rechten Seite auf häufige Busverbindungen zählen. An der Mittelmosel (Cochem–Schweich) wird lediglich der Abschnitt Cochem–Traben-Trarbach durch die Bahn bedient, und das kommt auch fast nur den Orten am linken Flussufer zugute (Ausnahmen sind Neef und Bullay). Der weitaus größere Abschnitt Traben-Trarbach–Schweich ist dagegen nur mit dem Bus erreichbar. An der Obermosel (Schweich–Trier) schließlich hat man wieder auf der linken Seite die Bahn und auf der rechten Seite den Bus zur Verfügung.

Von Ende April bis Ende Oktober kann man die Moselorte auch mit dem Schiff erreichen. Die Verbindungen sind aber lediglich im touristischen Kernbereich der Mittelmosel (Cochem–Zell–Traben-Trarbach–Bernkastel-Kues) hinreichend häufig.

SYMBOLE IN DEN KARTEN

- Gasthaus, Einkehr
- Schutzhütte, Unterstand
- Kirche
- Kapelle
- Kloster
- Burg, Schloss
- Burgruine
- Aussichtsturm
- Archäologische Stätte
- Bergwerk (aufgelassen)
- Wassermühle
- t Wegkreuz, Bildstock
- Grillhütte, Rastplatz
- Höhle
- Wasserfall
- Quelle, Brunnen
- Hervorragender Laubbaum
- Schwimmbad

Zwischen Prall- und Gleithang

Der Weg der Mosel durch das Rheinische Schiefergebirge

Die Mosel entspringt am Col de Bussang (735 m) an der Westseite des Vogesenkammes. Ursprünglich floss sie bei Toul (Mittellothringen) in die Maas. Ihr Lauf durch das heutige Nordlothringen und Rheinland-Pfalz begann sich ab etwa 1 Mio. Jahre v. Chr. allmählich herauszubilden.

Erst im Pleistozän, einer geologisch relativ späten Phase (300 000–250 000 Jahre v. Chr.), fing sie an, ihr enges, 200 bis 300 m tiefes, schleifenreiches Tal durch das Rheinische Schiefergebirge zu »graben«. Diese auch Mäander genannten Flusskurven sind besonders zahl- und variantenreich im Moselabschnitt Schweich–Cochem, der in Deutschland geografisch unzutreffend als Mittelmosel bezeichnet wird (wobei die »echte« Mittelmosel zwischen Toul und Trier liegt).

Keine Schleife gleicht der anderen: Bei einigen sind die Bögen kurz und ganz eng, bei anderen lang und weit. Zwischen diesen Extremen gibt es allerlei Varianten. Alle haben aber eines gemeinsam: Am äußeren Rand der Schleifen sind die Hänge immer steil. Und: Den Steilhängen (Prallhänge) stehen im Innern der Schleifen stets flache Hänge (Gleithänge) gegenüber. Aus diesem Kontrast ergibt sich ein eigentümliches Landschaftsbild.

Das Wasser bewegt sich in den Flussschleifen nicht überall mit der

gleichen Geschwindigkeit, wie das bei geraden Flussabschnitten der Fall ist. Am äußeren Rand ist die Strömung stark. Das Wasser prallt hier gegen den Hang und bewirkt langfristig, dass die Hänge durch Tiefen- und Seitenerosion steiler werden. Am inneren Rand ist die Strömung dagegen schwach, was zu Ablagerung von Sand und Kies führt und die Hänge auf lange Sicht flacher und breiter macht.

Der Gegensatz von Steil- und Flachhang hat tief greifende Auswirkungen auf die Anlage der Orte. An den Prallhängen sind die Siedlungen auf Grund der schwierigen räumlichen Verhältnisse notgedrungen lang und schmal. Die Weinberge sind steil, die Arbeit ist beschwerlich. Das sieht auf den weiten Gleithängen natürlich ganz anders aus. Hier konnten die Siedlungen netzförmig als breite Haufendörfer angelegt werden. Die Weinberge steigen sanft, die Arbeit ist weniger mühevoll, nicht zuletzt auch weil man mehr Maschinen einsetzen kann.

Bis zur Mitte des 20. Jh. war die Mosel ein urwüchsiger und wilder Fluss. Dies änderte sich grundlegend, als sie 1957–1964 auf dem Abschnitt Thionville/Nordlothringen–Koblenz (Mündung in den Rhein) zur Großschifffahrtsstraße ausgebaut wurde: In das Flussbett wurde eine 40 m breite und 2,90 m tiefe Rinne gebaggert, die die Mosel für Frachtkähne bis 3000 t schiffbar machte. Ferner erhielt sie, um 83 m Gefälle auszugleichen, ein Korsett aus 13 Staustufen (11 davon in Deutschland) mit Wehren und Schleusen – mittlere Fallhöhe 6,40 m, mittlere Stauhaltung 19,2 km. Gleichzeitig wurden vielerorts neue Uferbefestigungen, Wegverlegungen, Straßenverbreiterungen, Korrekturen an Bachmündungen und viele andere Eingriffe in die Natur erforderlich. 12 Mio. qm Erde mussten bewegt werden, 10 Mio. qm Fels waren in der Fahrrinne zu beseitigen. 820 000 t Beton und Stahlbeton wurden verbaut. Aus ursprünglich veranschlagten 370 Mio. DM Kosten wurden am Ende 780 Mio. DM. Frankreich hatte das größte Interesse an der Schifffahrtsstraße Mosel (Anschluss der nordlothringischen Industrie an den Nordseehafen Rotterdam) und trug daher zwei Drittel des Betrages.

Die ausgedehnten Stauanlagen, die kilometerlangen Aufstauungen, der rege Schiffsverkehr, die Fracht- und Bootshäfen setzten neue Akzente in eine bis dato beschauliche Flusslandschaft zwischen Prall- und Gleithang.

Zentrum eines Weltreiches

Die Römer an der Mosel

Die Moselregion wurde im Jahre 55 v. Chr. unter Julius Cäsar im Rahmen des Gallienfeldzuges dem römischen Imperium einverleibt. Der hier beheimatete keltische Stamm der Treverer leistete zunächst noch für längere Zeit Widerstand, der aber mit der vernichtenden Niederlage des Aufstandes von Riol im Jahre 70 n. Chr. schlagartig zu Ende ging.

Die Talweitung von Trier hatte von Anfang an eine wichtige militärstrategische Funktion für die Römer. Hier wurde in den Jahren 17–12 v. Chr. die Stadt Augusta Treverorum von Kaiser Augustus als Verwaltungs- und Versorgungszentrum für die Rheinarmee gegründet. Die Stadt – Vorläuferin des modernen Trier – wuchs recht schnell und übernahm alsbald auch Funktionen als Handels- und Handwerkszentrum. Ende des 1. Jh. n. Chr. gilt sie als wohlhabend *(urbs opulentissima)*. Der Aufstieg setzt sich fort: Im 2. und 3. Jh. wird Augusta Treverorum zunächst Hauptstadt der Provinz Belgica prima (117), später sogar von ganz Gallien (260). Die Stadt besitzt alles, was sich für eine römische Provinzhauptstadt ziemt: ein großes Forum als Mittelpunkt, Verwaltungsbauten, Tempelbauten für den Kaiserkult, Läden, eine Marktbasilika, eine große Badehalle (Barbarathermen), ein Amphitheater für Tierhatz und mörderische Kampfspiele, einen Zirkus für Wagenrennen, luxuriöse Wohnpaläste für die hohen Verwaltungsbeamten, Trinkwasserleitungen und Abwasserkanäle. Sie ist von einer 6,8 km langen, 4 m dicken und

8 m hohen Mauer mit 47 Türmen und 4 gewaltigen Toren umgeben.

Auch in der Provinz kam es unter den Römern zu gewaltigen Veränderungen. Ein Wegenetz wurde angelegt, an dem Straßenstationen, Gemeinden und Landgüter entstanden. Die Landwirtschaft wurde intensiviert und um allerlei mediterrane Produkte erweitert, die auch im milden Klima des Moseltales gedeihen konnten: Weintrauben, Pfirsiche, Walnüsse, Süß- und Sauerkirschen, Pflaumen, Feigen.

Mitten in dieser Blütezeit ereignet sich dann aber 275 eine gewaltige Katastrophe: Franken und Alemannen gelingt es, tief in das von Machtkämpfen erschütterte Römerreich einzudringen. Sie plündern Trier und lassen einen Trümmerhaufen zurück.

Die Römer konnten ihre Herrschaft jedoch bald wieder festigen und den Wiederaufbau beginnen. In nur wenigen Jahren folgte im Rahmen der Neuordnung des Reiches unter Diokletian (284–305) der kometenhafte Aufstieg zur Residenz des westlichen Teiles des römischen Imperiums. Von 293 bis 395 regierten sieben Kaiser, darunter Konstantin der Große und seine Söhne, vom antiken Trier aus ein Großreich, das Belgica prima und secunda, Germania superior und inferior, Gallien, Britannien und Spanien umfasste. Die Stadt wurde nun noch größer und prächtiger als vor 275. Vor allem bekam sie jetzt auch repräsentative Paläste. Sie zählte mittlerweile 70 000 Einwohner, war neben Rom, Konstantinopel und Alexandria eine der bedeutendsten Städte der damaligen Welt.

Triers große Zeit brach mit dem Ende des 4. Jh. jäh ab, als das Römerreich immer weiter vor den germanischen Stämmen zurückweichen musste. Aus Sicherheitsgründen zog 395 der Kaiserhof nach Mailand und die Verwaltung nach Arles.

Zwischen 406 und 435 wird Augusta Treverorum viermal von den Franken geplündert. Ab 475 gehört es endgültig zum Frankenreich.

Das römische Erbe der Moselregion ist bedeutend, es besteht nicht nur aus der mächtigen Porta Nigra, der Konstantinsbasilika und den Ruinen verschiedener Thermen und den zahlreichen Exponaten der Museen in Trier. Man begegnet ihm ebenso im Hinterland, denn auch kleinere Moselorte können Relikte aus der römischen Vergangenheit – z. T. hervorragend rekonstruiert – präsentieren: Stadt- und Landvillen (*villae urbanae* und *rusticae;* Tour 1, 32, 33), Badeanlagen (Tour 26), Grabbauten (Tour 18), Mosaiken, Wasserleitungen (Tour 34), Kelteranlagen (Tour 28), Straßen (Tour 5, 31), Meilensteine etc.

Weinland Mosel-Saar-Ruwer

Zeltinger Himmelreich, Bernkasteler Doctor, Kröver Nacktarsch ...

Die Moselregion gilt als das älteste Weinbaugebiet Deutschlands. Es gibt Hinweise, dass schon die Kelten in geringerem Maße Wein anbauten. Dies ist aber bislang noch nicht hinreichend belegt. Auf jeden Fall wurde der Weinbau in größerem Stil von den Römern eingeführt. Das geschah allerdings erst in einer recht späten Phase ihrer Herrschaft (278), denn zunächst wurden die Garnisonen lange Zeit durch Weinimport versorgt. Der Weinbau ist danach nie mehr aus dem Moseltal verschwunden, selbst nicht in jener Zeit, als germanische Stämme das Römerreich überrannten und viele Errungenschaften römischer Agrarkultur zerstörten.

Vom Hochmittelalter bis zur Zeit der französischen Revolution befand sich der Weinbau zu einem großen Teil (vor allem alle guten Lagen) in den Händen der Kirche (Domkapitel, Kirchen, Klöster) und des Adels. Bis zum 13. Jh. mussten Leibeigene in den Weinbergen arbeiten. Danach wurden die Rebfelder durch Erbpächter bewirtschaftet, die lediglich ein Drittel bis die Hälfte der Ernte behalten durften. Davon mussten sie obendrein noch Steuern und andere Abgaben leisten. Viele sehr repräsentativ wirkende Weinhöfe erinnern an diese Epoche, die 1804 vom napoleonischen Frankreich durch die Auflösung des kirchlichen und adeligen Grundbesitzes beendet wurde. Diese Weinberge gingen danach überwiegend als Kleinbesitz in bäuerliche und bürgerliche Hände über. Hier sind die Wurzeln der bis heute vorherrschenden kleinbetrieblichen Strukturen im Moselweinbau (1,5–4 ha Rebfläche) zu suchen.

An der Mosel wird fast ausschließlich Weißwein erzeugt. Hauptrebsorte ist der Riesling. Allerdings ist sein Anteil an der Rebfläche von 90 % in den 1950er Jahren auf mittlerweile 54 % zurückgegangen. Der Riesling ist die Traube der steinigen und trockenen Schieferhänge.

Das Moselland ist mit 7000 ha das größte geschlossene Rieslinganbaugebiet der Welt. Die besten Lagen – alles Südhänge – haben international einen guten Ruf.

Auf den tiefgründigeren und feinerdigeren Böden der auslaufenden Hänge und flachen Lagen dominiert die Rebsorte Müller-Thurgau (21 % der Rebfläche). Weitere Rebsorten sind: Elbling (seit der Römerzeit, älteste Traube an der Mosel), Kerner, Blauer Spätburgunder, Dornfelder.

Die Mosel bildet mit der Saar und der Ruwer das Weinanbaugebiet Mosel-Saar-Ruwer, dazu gehören 88 Mio. Rebstöcke, 11 785 ha Rebfläche (50 % in Steil- und Terrassenlagen), 6300 Weinbaubetriebe in 125 Winzerorten (1,35 Mio. Hektoliter pro Jahr, ein Viertel geht in den Export). Dieses Gebiet ist in 19 Großlagen unterteilt, die ihrerseits aus 520 Einzellagen bestehen. Die Einzellagen erscheinen – im Verbund mit dem Weinort – als Bezeichnung für den jeweiligen Wein auf dem Flaschenetikett.

Die Lagennamen sind höchst unterschiedlichen Lebensbereichen entlehnt. Sie geben sich religiös wie das Zeltinger Himmelreich, klösterlich wie der Pündericher Nonnengarten, dionysisch-bacchisch wie der Kröver Bockskopf, historisch-geografisch wie der Lehmener Ausoniusstein, botanisch wie der Starkenburger Rosengarten, medizinisch wie der Bernkasteler Doctor (vgl. Tour 24), kulinarisch wie das Bremmer Schlemmertröpfchen, scherzhaft wie der Briedeler Schelm, adelig wie der Bullayer Graf Beyssel-Herrenberg, zoologisch wie der Merler Adler oder auch ganz einfach unverblümt deftig wie der Kröver Nacktarsch.

Geheimnisvolle Sonnenuhren

Herr: es ist Zeit. Der Sommer war sehr groß.
Leg deinen Schatten auf die Sonnenuhren,
und auf den Fluren laß die Winde los.

Befiehl den letzten Früchten voll zu sein;
Gib ihnen noch zwei südlichere Tage,
dränge sie zur Vollendung hin und jage
die letzte Süße in den schweren Wein.

Wer jetzt kein Haus hat, baut sich keines mehr.
Wer jetzt allein ist, wird es lange bleiben,
wird wachen, lesen, lange Briefe schreiben
und wird in den Alleen hin und her
unruhig wandern, wenn die Blätter treiben.

Rainer Maria Rilke: Herbsttag

Im 16. und 17. Jh., als es bekanntlich noch nicht die modernen Armbanduhren gab, orientierten sich die Winzer der Mittelmosel bei ihrer Arbeit im Weinberg an Großsonnenuhren. Die Zifferblätter waren zumeist mehrere Meter hoch. Dadurch waren sie weithin sichtbar, z. B. auch für die Frauen im Dorf, die so den richtigen Zeitpunkt erfuhren, um den Männern das Mittagessen in den Wingert hinaufzutragen. Die Uhren wurden übrigens von Kirchen und Klöstern gesetzt, den damaligen Herren der Weinberge, die sie u. a. zur Abrechnung der Fronstunden brauchten.

Die Sonnenuhr ist eine sehr alte Erfindung. Sie war in China bereits Mitte des 3. Jahrtausends v. Chr. bekannt. Im antiken Griechenland und im Römischen Reich fand sie weite Verbreitung. Man arbeitete damals allerdings mit Konstruktionen, die keine exakte Zeitmessung erlaubten.

Ihre Blütezeit erlebte die Sonnenuhr erst im spätmittelalterlichen Europa, nachdem in der zweiten Hälfte des 15. Jh. die Entwicklung des erdachsenparallelen Polstabes – wahrscheinlich eine arabische Erfindung – eine präzise Bestimmung der Tageszeit ermöglicht hatte.

In der Folgezeit (16.–18. Jh.) wurden nicht nur massenhaft kleine Taschen- und Reiseuhren produziert, sondern auch zahlreiche Großsonnenuhren an Schlössern, Prunkfassaden, in Parkanlagen und Gärten angebracht oder errichtet. In dieser Zeit sind auch die »Weinberguhren« der Mittelmosel entstanden.

Ungeachtet ihrer praktischen Bestimmung wurden die Uhren zugleich auch fantasievoll gestaltet. Das lässt sie aus heutiger Sicht geheimnisvoll erscheinen. Bei den Sonnenuhren der Mittelmosel wird dieser Eindruck noch durch die exponierte Lage in malerischer Landschaft verstärkt.

Sonnenuhren sind nach Süden ausgerichtet. Sie sollen möglichst lange von der Sonne Strahlen empfangen, damit der Schattenstab, der Gnomon, viele Stunden seinen Strich auf das Zifferblatt werfen kann. An diesen Standorten, die so ausgiebig von der Sonne beschienen werden, gedeihen nicht zufällig auch hervorragende Weine. In diese Kategorie gehören z. B. die Lagen »Wehlener Sonnenuhr« und »Brauneberger Juffer Sonnenuhr«.

Fast ein Dutzend der alten Großsonnenuhren haben an der Mittelmosel erfolgreich dem Zahn der Zeit getrotzt. Die größte steht im Zeltinger Weinberg, sie bringt es auf beachtliche 5 x 4,50 m (Tour 23; s. Abbildung S. 14). Am kunstvollsten sieht die des Kueser Cusanusstifts (Tour 25) aus mit ihren feinen konzentrischen Kreisen und Unterteilungen. Die Sonnenuhr in der Weinlage »Brauneberger Juffer« hat sich sogar an die 1980 eingeführte Umstellung auf Sommerzeit erfolgreich angepasst. Sie verfügt mittlerweile über gesonderte Zifferblätter für den Sommer und den Winter. Man braucht sie nur jahreszeitgemäß auszuklappen.

Sonnenuhren gibt es an der Mittelmosel ferner in den Weinbergen von Ürzig (Tour 23), Wehlen und Maring-Noviand. Dagegen befindet sich die Sonnenuhr des Pommerner Weinberges, unterhalb derer Tour 10 verläuft, an der Untermosel.

An der Terrassenmosel

Von Winningen nach Kobern-Gondorf

Steile Weinberge mit den charakteristischen Trockenmauern an der Terrassenmosel, Wälder und Fluren in der Eifel, zwei Burgruinen in Kobern-Gondorf und der Bummel durch die Moselstädtchen Winningen und Kobern-Gondorf sorgen für eine abwechslungsreiche Wanderung.

DIE WANDERUNG IN KÜRZE

++
Anspruch

4.30 Std.
Gehzeit

18 km
Länge

Charakter: Die drei Anstiege sind nicht allzu steil, dazwischen gibt es genug Möglichkeiten zur Erholung, das lange Flachstück am Ende bietet einen gemütlichen Ausklang. Auf dem Abstieg zum Langenbach ist Trittsicherheit notwendig.

Wanderkarte: TK 1:25 000 Maifeld und Untermosel, Hg. Landesvermessungsamt Rheinland-Pfalz

Einkehrmöglichkeiten: Winningen, Wolken, Kobern-Gondorf

Anfahrt: mit dem Auto: von Koblenz auf der B 416 bis Winningen; **mit öffentlichen Verkehrsmitteln:** ab Koblenz Hbf. mit der Regionalbahn nach Winningen

Achtung: Der Abstieg zum Langentalbach ist bei feuchtem Wetter riskant.

Winningen (2700 Einw.) ist ein viel besuchtes kleines Weinstädtchen. Auf dem gemütlichen Marktplatz steht der bekannte Weinhexenbrunnen. Hier wird am letzten August- und ersten Septemberwochenende ein traditionsreiches Weinfest gefeiert, das als das älteste des gesamten Mosellandes gilt. Ansonsten gibt es in dem Städtchen noch ein interessantes Heimatmuseum, in dem der Winninger Autokonstrukteur August Horch (1868–1943), der Gründer der Audiwerke, großen Raum einnimmt (Schulstraße 5, Tel. 0 26 06/21 26 oder 22 14; geöffnet

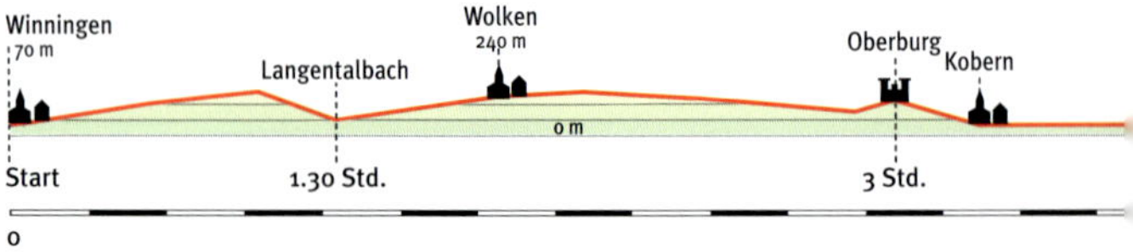

Mai–Mitte Nov. Mi, Sa 15–16.30 Uhr).

Wir starten die Rundwanderung am **Winninger Marktplatz** und gehen zunächst 100 m auf der Marktstraße, bevor wir rechts (1. Abzweigung) in die Fährgasse einbiegen. Es geht nun bergauf. Nach ca. 200 m begibt man sich bei einer alten Weinpresse links in die Straße »Am Rosenberg«. Von hier bis zum Langentalbach führt unsere Tour nun über den Moselhöhenweg (M).

Am letzten Haus biegen wir rechts in den **Weinlehrpfad** ein. Es beginnt ein längerer steiler Aufstieg. In kurzen Abständen informieren Tafeln über die verschiedenen Aspekte des Weinbaus. Weit oben bietet sich eine hervorragende Aussicht auf das Moseltal um Winningen, den Bootshafen, die Halbinsel Ziehfurt mit Campingplatz und die hohe Autobahnbrücke. Die Steigung lässt schließlich nach, es geht noch durch einen schmalen Waldstreifen, bevor man endgültig auf der **Höhe** ist (30 Min.).

Vor einer Eiche (mit Sitzgelegenheit) hält man sich links. Bald darauf wird die **A 61** überquert. Rechts, ziemlich nahe an der Autobahn, befindet sich nicht weit von der Route entfernt das restaurierte Fundament eines römischen Landguts.

Hinter der Autobahnbrücke wendet man sich nach links (leicht aufwärts) und taucht für lange Zeit – bis Wolken – in Wald ein, zunächst Eichen-, dann Laubmischwald. Kurz darauf verweist links ein Schild auf die nahe Aussichtsplattform **Blumslay,** von der man einen wunderbaren Ausblick auf den Moselabschnitt bis Kobern-Gondorf hat. Die recht gut mit dem M des Moselhöhenweges markierte Route – jetzt ein Erdweg – verläuft nun lange (ca. 1,5 km) auf dem Grat des Steilhangs, alle Abzweigungen – nach rechts und links – werden ignoriert. Auf halbem Weg geht es einmal stärker bergauf, dann fällt die Strecke sogar einmal kurz, bevor man nochmals einen Anstieg zu bewältigen hat.

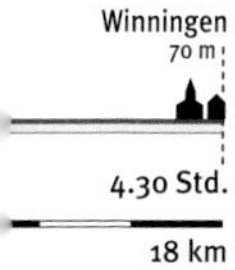

Anschließend geht es ohne Übergang auf schmalem Pfad steil in das **Langental** hinab (ca. 800 m). Trittsicherheit ist hier absolut notwendig. Bei nassem Wetter ist der Abstieg riskant.

Im Tal (1.30 Std.) überqueren wir den **Langentalbach,** gehen ein kurzes Stück abwärts und wenden uns dann hinter dem Zusammenfluss mit dem **Wolkener Bach** nach rechts. Hier wird der links abzweigende Moselhöhenweg verlassen. Man geht nun auf einem breiten Waldweg am Wolkener Bach aufwärts – kontinuierlich leicht steigend. Das munter gen Moseltal stürzende Gewässer ist von einer üppigen Vegetation gesäumt, u. a. Ulmen, Eschen und Erlen.

Kurz vor **Wolken** kommen wir an der Kläranlage des Dorfes vorbei. Unser Weg mündet T-förmig in die Straße »Im Wiesengrund«. Wir wenden uns nach rechts, bleiben aber nur 100 m auf dieser Straße, die alsbald auf die **Hauptstraße** (2 Std.) trifft. Dort hält man sich links (Markierung: M). Es geht nun durch das Zentrum des Dorfes, in dem noch ein wenig traditionelle Schieferbruchstein-Architektur zu sehen ist.

Zu Beginn einer Rechtskurve zweigt links der Moselhöhenweg

(Markierung: M) ab, auf dem wir die Wanderung nun fortsetzen. Es geht geradewegs durch Getreidefelder an einem Gehöft vorbei zum Wald hinauf. Dort schwenken wir nach links ein. Es folgt ein flaches Stück am Wald entlang, bevor man schließlich in diesen eintaucht. Nun geht es stark bergab – bis zur Einmündung in einen breiten **Forstweg** (bei mächtigen Eichen, Infotafel). Dort halten wir uns links.

Im Folgenden orientiert man sich nun bis Kobern-Gondorf stets an der Kennzeichnung MV. Es geht weiter abwärts. Wir kommen bald an einen Bach, dem wir eine Weile folgen. Bei einer Schautafel wechselt man dann rechts über den Bach und geht auf einem Pfad weiter (Schild: »Oberburg, Niederburg«). Zunächst hält die Route die Höhe, dann steigt sie – es geht zur Oberburg hinauf. An mehreren Stellen bietet sich eine wunderschöne Aussicht: zunächst auf das Moseltal und Dieblich-Berg/Hunsrück und kurz vor der Burg auf Kobern-Gondorf und den Solligerhof. Der MV-Wanderweg führt direkt auf die **Oberburg** (seit 1000 Sitz der Herren von Kobern, Ruine, Bergfried restauriert), die ein beliebtes Ausflugsziel ist (3 Std.). Das Interesse der Besucher gilt hauptsächlich der **Matthiaskapelle,** einem kunsthistorischen Kleinod. Ferner erfreut man sich an der hervorragenden Aussicht auf das Städtchen Kobern-Gondorf. Das renommierte Restaurant im restaurierten Bergfried hingegen ist für die meisten Besucher zu teuer.

Man geht anschließend von der Oberburg geradeaus am Parkplatz vorbei und kurz hinter einer Kurve links in einen schmalen Weg hinein, auf dem man verschiedene Kreuzwegstationen passiert, bevor man

links dem Pfad zur Ruine der **Niederburg** folgt (1195 erstmals erwähnt; ungewöhnlich ist der trapezförmige Bergfried). Von dort geht man dann steil nach Kobern-Gondorf (3000 Einw.) abwärts.

Der MV-Wanderweg mündet am Rande des Ortsteils Kobern links in die Straße »Mühlental«. Es geht weiter abwärts – immer geradeaus. Kurz vor der Bahnlinie biegt man schließlich links in die Fährstraße ein. Letztere leitet uns ohne Umweg durch das Zentrum von **Kobern** (3.15 Std.), das viele schöne Fachwerkhäuser besitzt, darunter den Abteihof St. Marien, Deutschlands ältestes Fachwerkhaus. Am Nordende des Städt-

chens geht die Straße in den Radweg nach Koblenz über.

Auf dem Schlussabschnitt unserer Tour wandern wir nun am Rande des Moseltales zwischen den Weinbergen und den Gleisen der Bahnlinie Tier–Koblenz nach Winningen. Die Strecke ist durchweg flach, bildet also einen gemütlichen Abschluss nach den anstrengenden Auf- und Abstiegen. Faszinierend sind die steilen Weinberge mit ihren vielen Terrassen. Winzer müssen hier wohl immer auch Bergsteiger sein.

Kurz vor Winningen führt die Route unter der riesigen **Moseltal-Autobahnbrücke** (136 m hoch, 936 m lang, 30 m breit, Spannweite zwischen den Pfeilern 218 m) hindurch. Wenn man immer auf dem Radweg bleibt, gelangt man schließlich direkt in das Zentrum und auf den **Marktplatz von Winningen**, wo wir die Wanderung begonnen haben (4.30 Std.).

Matthiaskapelle

Diese kleine Kirche auf der Oberburg wurde zwischen 1220 und 1240 erbaut, um dem von einem Kreuzzug mitgebrachten Haupt des Apostels Matthias als Reliquienschrein zu dienen. Später kam die Reliquie auf die

Kobern mit Oberburg, Matthiaskapelle und Niederburg

Festung Ehrenbreitstein (Koblenz), heute befindet sie sich in der Abtei St. Matthias in Trier.

Die Matthiaskapelle ist in der Zeit des Übergangs von der Spätromanik zur Frühgotik entstanden. Als Vorbild diente allerdings auch die Architektur des fernen Heiligen Landes. Das ergab eine besondere Stilmischung, die man kein zweites Mal in Deutschland findet. Dies gilt insbesondere für den Sechseck- plus Hufeisengrundriss sowie den turmartig erhöhten Mittelraum.

Die Matthiaskapelle wurde mehrfach restauriert (1836, 1894, zuletzt 1989–1998) und ist daher in einem guten Zustand. Geöffnet Palmsonntag bis 1. Nov. So und an Feiertagen 11–17 Uhr; Führungen auf Anfrage, Tel. 01 80/5 22 13 60.

Zu Besuch in der Doppelburg

Von Alken nach Nörtershausen

Diese Tour führt zunächst vom Moseltal durch Weinberg zur viel besuchten Burg Thurant hinauf. Danach durchstreift man im Hunsrück dichten Wald und weite Fluren. Am Schluss geht es wieder in das Moseltal zurück.

DIE WANDERUNG IN KÜRZE

++ Anspruch

3.30 Std. Gehzeit

13 km Länge

Charakter: Der steile Anstieg zu Beginn sowie ein weiterer starker Anstieg am Anfang des zweiten Drittels erschweren die ansonsten ausgesprochen leichte Rundwanderung ein wenig.

Wanderkarte: TK 1:25 000 Maifeld und Untermosel, Hg. Landesvermessungsamt Rheinland-Pfalz

Einkehrmöglichkeiten: Alken, Burg Thurant, Nörtershausen

Anfahrt: mit dem Auto: von Koblenz auf der B 49 nach Alken; **mit öffentlichen Verkehrsmitteln:** ab Koblenz Hbf. KVG-Bus nach Alken oder Regionalbahn nach Löf und dann ca. 2 km Fußweg nach Alken

Alken (700 Einw.) liegt in malerischer Lage unterhalb der Burg Thurant. Es sind noch Teile der mittelalterlichen Stadtmauer (14. Jh.) erhalten. Sehenswert ist die romanische Michaelskapelle (mit Beinhaus).

Man beginnt die Tour am **Moselufer** im Norden von Alken und geht den Brandweg immer geradeaus hinauf bis zum Ortsende. Dort beginnt der beschilderte Pfad zur Burg Thurant. Es geht steil durch den Weinberg aufwärts. Sobald man ein Stück gestiegen ist, stellt sich ein schöner Blick auf das gegenüberliegende Moselufer ein: links zeigt sich Löf mit Brücke, rechts Kattenes, dazwischen Wald. Der steinige Weinbergpfad (hinreichend beschildert) mündet schließlich in den Parkplatz am Burgtor der **Burg Thurant** (20 Min.).

Nach der Besichtigung und einer kurzen Einkehr verlassen wir Burg Thurant auf der Straße nach Alken. Aber bereits nach wenigen Metern geht es links in einen Waldpfad (Schild: u. a. »Bachtal, Alken«) – abwärts. Dieser verzweigt sich ca. 50 m weiter, dort wenden wir uns nach rechts (Schild: »Bachtal«). Es geht nun auf schmalem Pfad steil zum **Alkenbach** hinunter.

Anschließend wandert man auf einem breiten Weg in diesem engen, von dichtem Laubwald bedeckten

Wanderer beim Abstieg von Burg Thurant

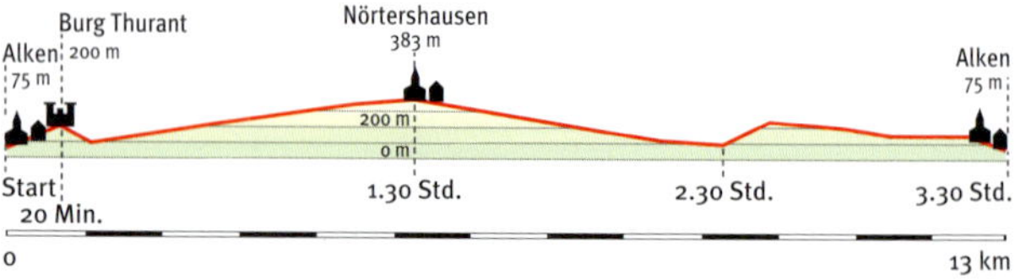

Tal aufwärts. Kurz hinter der zweiten Schutzhütte biegen wir rechts ab – Richtung Nörtershausen (ausgeschildert, ferner Markierung: 5). Direkt dahinter wird der Alkenbach überquert. Die Steigung nimmt deutlich zu. Es geht immer geradeaus, nun durch Fichtenwald (auffallend viele Ameisenhaufen), bis ca. 2 km hinter der Abzweigung der breite (etwas schottrige) Forstweg in die Flur von Nörtershausen eintritt.

Dort begibt man sich rechts in ein querendes Teersträßchen (landwirtschaftlicher Nutzweg). Kurz darauf wird die Landstraße Alken–Boppard gekreuzt. Die Route verläuft anschließend ein kurzes Stück parallel zur Straße aufwärts.

Danach geht es durch weite Flur nach **Nörtershausen** hinauf, das wir nun stets im Blick haben. Dieses große, propre Hunsrückdorf (1.30 Std.) wird lediglich gestreift. Wir kommen neben der Kapelle herein, biegen dort nach rechts in die Straße »Am Kapellchen« ein, wandern diese bis zum Ende hinunter (zum Schluss Linkskurve), halten uns dort rechts und gehen dann stets geradeaus am Friedhof vorbei in den Wald (dem Schild nach Brodenbach folgen!) – immer bergab. Dann wird kurz eine Lichtung überquert, auf der linker Hand eine Schutzhütte steht. Anschließend fällt der Forstweg ziemlich stark, bis man vor zwei Hütten den **Brodenbach** erreicht.

Dann geht es eine Weile an diesem quicklebendigen Gewässer entlang ganz sanft abwärts, bis man schließlich hinter einem zweiten Brückchen nach rechts abbiegt (Schild: »Alken«, Markierung: M). Man durchquert zunächst eine Schieferhalde und geht dann rechts in einen schmalen Waldpfad (2.30 Std.). Danach folgt ein längerer starker Anstieg in einer engen Schlucht, durch die ein schmaler Bach zu Tal stürzt. Schließlich verlassen wir diese nach links (Hinweis nach Alken folgen!). Bald darauf befindet man sich auf der mit Zwergeichen bewaldeten Höhe direkt über dem Moseltal. Der Pfad verläuft nun Höhe haltend bis zur **Landstraße Alken–Boppard.** An verschiedenen Stellen besteht Aussicht auf das Moseltal um Löf.

Wir wandern dann auf der Landstraße mehrere Hundert Meter bergab, bevor es vor einer Linkskurve rechts in die Zufahrt zur Burg Thurant hineingeht, die wir aber schon kurz danach wieder nach links verlassen. Wir befinden uns jetzt auf einem hangparallelen **Weinbergsträßchen** (3.15 Std.), auf dem es nun bis fast auf Höhe des Nordendes von Alken geht, bevor wir auf dem schmalen Pfad, auf dem wir vor drei Stunden zur Burg Thurant aufgestiegen sind, nach **Alken** zurückkehren. Via Brandweg führt die Route zum Ausgangspunkt am **Moselufer** hinunter (3.30 Std.).

Burg Thurant

Diese Burg wurde Anfang des 13. Jh. unter Pfalzgraf Heinrich, Bruder und Reichsverweser von Otto IV., nach dessen Rückkehr von einem Kreuzzug erbaut. Sie wurde 1248 nach zweijähriger Belagerung von kurtrierischen und kurkölnischen Truppen gemeinsam erobert. Die neuen Herrscher konnten sich aber nicht auf einen Besitzer einigen und kamen zu einer originellen Lösung: Jeder erhielt seine »Burg in der Burg«. So entwickelte sich alsbald eine Doppelburg mit zwei Bergfrieden. Zwischen den beiden Teilburgen hat

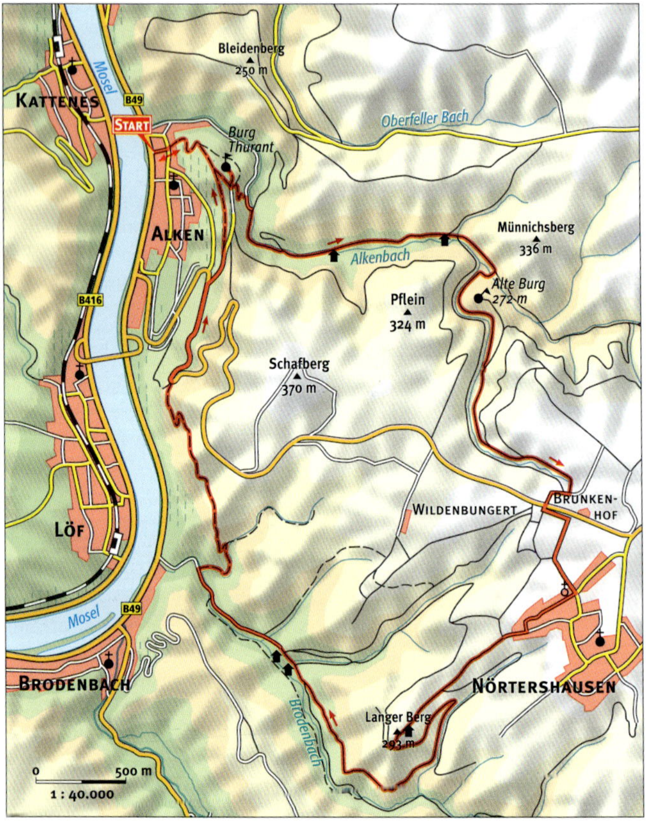

man sogar eine Trennmauer errichtet.

Die Burg wurde 1689 von den Truppen des französischen Sonnenkönigs zerstört. Erst 1915/16 kam es zu einer Teilrestaurierung. Öffnungszeiten: März–Okt. tgl. 9–18.30 Uhr, Nov.–Feb. tgl. 10–16 Uhr; Anleitungen für Rundgänge bekommt man am Eingang.

Geschichtsträchtiges Maifeld

Von Kattenes nach Mörz

Durch die wilde Schlucht des Naturschutzgebietes Wandlay geht es vom Moseltal hinauf zur weiten fruchtbaren Hochfläche des Maifeldes. In den Dörfern Moselsürsch, Mörz und Metternich sind noch die kleinen Festungen ähnelnden Bruchsteinhäuser zu sehen.

DIE WANDERUNG IN KÜRZE

++ Anspruch

4.30 Std. Gehzeit

19 km Länge

Charakter: Zwei Anstiege auf dieser ausgedehnten Wanderung sind lang und steil, ein dritter ist kürzer.

Wanderkarte: TK 1:25 000 Maifeld und Untermosel, Hg. Landesvermessungsamt Rheinland-Pfalz

Einkehrmöglichkeiten: Kattenes, Hatzenport, Metternich (nur Getränke)

Anfahrt: mit dem Auto: von Koblenz auf der B 416 nach Kattenes; **mit öffentlichen Verkehrsmitteln:** ab Koblenz Hbf. mit der Regionalbahn nach Kattenes

Kattenes (500 Einw.) verfügt über zahlreiche Bauwerke in traditioneller moselländischer Architektur. Viele Häuser sind aus den massiven Schieferbruchsteinen errichtet, die bis in die 1950er Jahre hinein in Müllenbach abgebaut wurden.

Verschiedene Entdeckungen aus der Römerzeit (Steinsarg, Fußboden, Münzfunde) belegen, dass hier bereits in der Antike eine Siedlung bestand. Im Mittelalter war zwischen Kattenes und Alken eine Kette durch die Mosel gespannt, um Zoll zu erzwingen.

Wir starten an der **Straßenecke »Am Bahnhof«/B 416** (Bf. Kattenes 100 m) am Nordende von Kattenes. Es geht zunächst 500 m auf dem Moselradweg Richtung Koblenz. Dann biegen wir links ab und unterqueren die Eisenbahntrasse (Schild: »Ausoniusstein«) und gehen an einem Haus vorbei in die bewaldete Schlucht des **Naturschutzgebietes Wandlay.** Zuerst sind Treppen zu steigen, dann geht es auf einem Pfad steil aufwärts. Die Steigung lässt bald nach. An einer Gabel halten wir uns links (Schild: »Moselsürsch«). Es folgt noch ein Streifen Hochwald, der stellenweise aus mächtigen Eichen besteht, bevor wir in die Felder von **Moselsürsch** (30 Min.) hinaustreten.

Es geht geradeaus auf das kleine Dorf zu (Markierung: M). Die Route führt an der bescheidenen Kirche aus massivem Schiefer vorbei und verläuft dann auf der Landstraße nach Mörz. Auch ein Teil der Häuser ist aus dem Schieferbruchstein er-

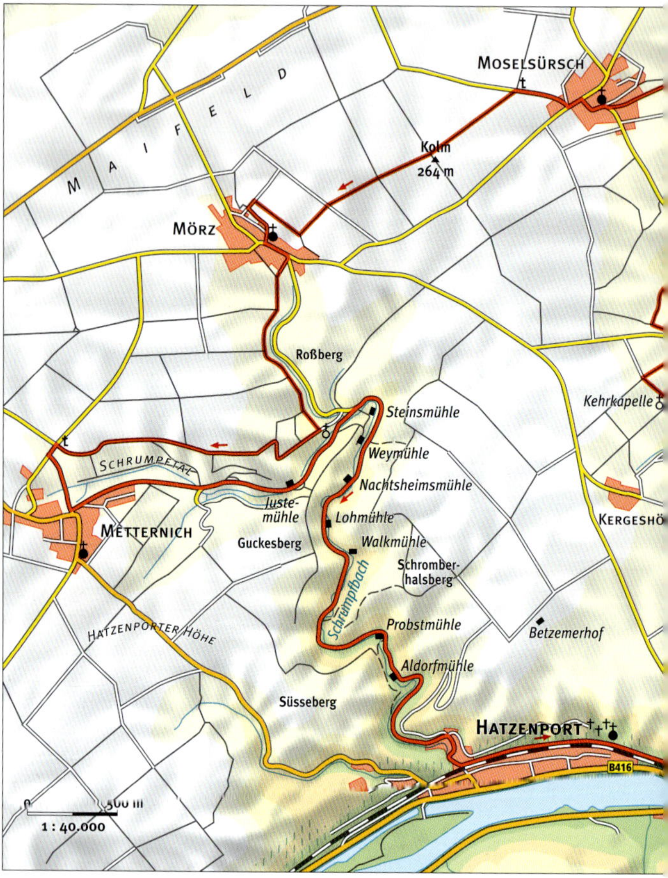

richtet, einem traditionellen Baustoff der Region. Kurz vor dem Ortsende biegen wir rechts ab in einen geteerten Landwirtschaftsweg (Markierung: M).

Wir verlassen das Sträßchen aber bereits nach ca. 400 m: Hinter einem Bildstock geht es bei einer Hecke nach links in einen Feldweg. Wir sind nun mitten in der weiten Flur des **Maifeldes,** einer fruchtbaren Hochfläche, auf deren Lößböden vornehmlich Getreide und Rüben angebaut werden. Der Blick reicht weit:

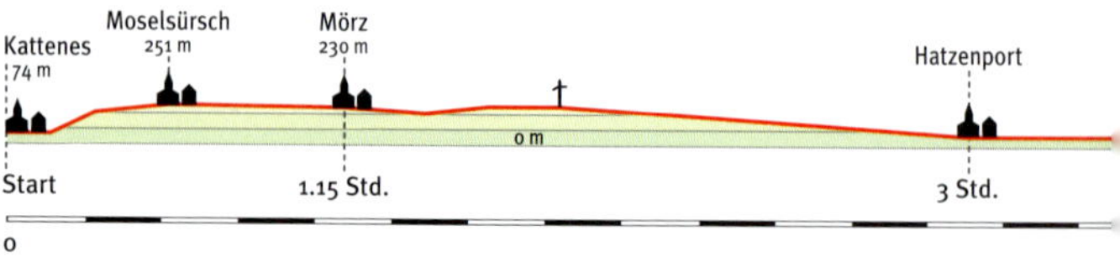

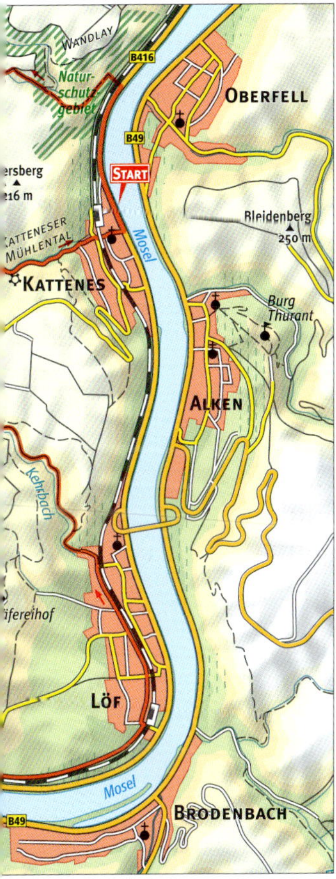

Im Norden sind die Berge um den Laacher See zu sehen.

Das Maifeld ist ein altes Siedlungsgebiet. Ein Teil der Flurnamen ist keltischen Ursprungs. Die Römer hatten hier Feldlager und Gutshöfe. Und Karl der Große versammelte auf dem Maifeld einmal jährlich die Gaugrafen seines Reiches, damit sie ihm über ihre Arbeit in den Provinzen Rechenschaft ablegten. Die Region gehörte damals zu den wichtigsten Agrargebieten, hier befanden sich mehrere große Pfalzen (Königsgüter).

Es geht nun eine längere Strecke durch Felder. Vor einem Wäldchen halten wir uns rechts und erreichen kurz darauf das kleine Dorf **Mörz** (1.15 Std.). Hinter der Kirche geht es links in die Moselstraße (aufwärts). Auf der Höhe des Ferienbauernhofes Loch zweigt unser Wanderweg rechts ab. Von den beiden hier abgehenden Wegen nehmen wir den rechten. Dann folgt gleich eine Verzweigung, an der wir uns nach links orientieren.

Auf dem nächsten Kilometer verläuft die Route, ein Feldweg, oberhalb eines Bachtales. Es geht zunächst durch Wiesen, dann am Wald entlang und erneut durch Wiese – es geht dabei leicht ab und auf. Schließlich mündet der Erdweg T-förmig in ein Teersträßchen. Wir wenden uns nach rechts. Es erfolgt nun ein längerer steiler Aufstieg. Danach hält das Sträßchen lange die Höhe.

Schließlich biegen wir bei einem **Feldkreuz** (2.15 Std.) nach links ab Richtung **Metternich** (abwärts). Das von traditionellem Baustil geprägte Dorf wird aber nur am Rand gestreift. Wir biegen nach links in das bewaldete Schrumpftal ein (Schild: »Schrumpftal-Mühlen«). Das fast autofreie Sträßchen folgt dem Bach zum Moselort Hatzenport hinunter und führt dabei stetig bergab. Unterwegs kommen wir an acht ehemaligen Mühlen vorbei, die heute nur noch Wohnzwecken dienen. Die Besitzer der Walkmühle engagieren

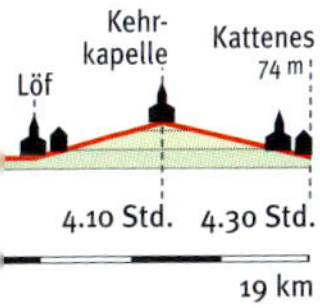

sich im Fremdenverkehr, hier werden Ferienwohnungen angeboten.

In dem lang gestreckten Fährgassendorf **Hatzenport** (700 Einw.) biegen wir vor der Bahntrasse nach links ab (3 Std.). Wir begleiten die Schienen nun durch den ganzen Ort. Am Ostrand führt die Route unterhalb des Friedhofs entlang, der von der spätgotischen St. Johanneskirche (Maßwerkfenster mit Glasmalerei aus dem 15. und 17. Jh., Taufstein aus dem 15. Jh.) dominiert wird.

Wir folgen der Eisenbahntrasse am Rande des Moseltals zum Nachbarort **Löf** (960 Einw.). Stellenweise verläuft sie unter steilen Felsen.

Auch dieses lang gestreckte Moseldorf durchqueren wir in Begleitung der Eisenbahnlinie, und zwar bis kurz vor der Kirche (3.45 Std.). Hier biegen wir nach links ab (Schild: »Falkenburg, Nachtigallental«), um nun durch Hinterland zum Ausgangspunkt Kattenes zurückzukehren.

Immer geradeaus geht es nun längere Zeit auf einem Kreuzweg in dem bewaldeten Tälchen des **Kehrbaches** aufwärts. Beim Eintritt in die Wiesenflur zweigt unsere Wanderroute nach rechts ab (Wegweiser: »Kehrkapelle«). Es geht nach wie vor stark bergauf. Die Höhe ist erreicht, wenn wir an der **Kehrkapelle** stehen (4.10 Std.). Hier endet der Kreuzweg.

Wir folgen jetzt dem Moselhöhenweg – erst geradeaus flach, dann rechts abwärts. Bald wird die Landstraße Mörz–Kattenes gekreuzt (dem Schild »Mühlental« folgen!). An der nächsten Verzweigung halten wir uns rechts. Nun beginnt der Abstieg nach Kattenes. Kurz darauf befinden wir uns im romantischen **Mühlental.** Auch hier wird längst kein Getreide mehr gemahlen, aber immerhin darf sich noch ein Mühlrad drehen.

Stets bergab geht es dann geradeaus durch **Kattenes.** Schließlich sind wir an der Mosel. Eine kurze Distanz flussabwärts liegt der Ausgangspunkt, die Straßenecke **»Am Bahnhof«/B 416** (4.30 Std.).

Sommer auf dem Maifeld

Wildromantische Ehrbachklamm

Von Brodenbach nach Mermuth

Am Anfang steht eine lange Passage durch das enge Ehrbachtal. Es geht an ehemaligen Mühlen vorbei und durch die wilde Ehrbachklamm. Danach erklimmt man die Höhe des Hunsrückplateaus, ein Land der weiten Blicke.

DIE WANDERUNG IN KÜRZE

++ Anspruch

6 Std. Gehzeit

23 km Länge

Charakter: Die drei Anstiege sind nicht schwer, aber die Tour ist recht lang. Bei Regen kann es in der Ehrbachklamm glitschig werden.

Wanderkarte: TK 1:25 000 Maifeld und Untermosel, Hg. Landesvermessungsamt Rheinland-Pfalz

Einkehrmöglichkeiten: Brodenbach, Ehrenburg, Brandengrabenmühle, Eckmühle, Morshausen

Anfahrt: mit dem Auto: von Koblenz auf der B 49 nach Brodenbach; **mit öffentlichen Verkehrsmitteln:** von Koblenz Hbf. mit dem KVG-Bus nach Brodenbach Mitte oder mit der Regionalbahn nach Löf und dann 2 km Fußweg nach Brodenbach

Obwohl **Brodenbach** (700 Einw.) alt ist – schon die Römer siedelten hier – und historische Häuser besitzt, sind kunsthistorisch interessante Bauwerke rar. Der beliebte Ausflugsort verfügt jedoch über eine ausreichende touristische Infrastruktur (Läden, Lokale, Übernachtungsmöglichkeiten).

Die Tour beginnt am **Moselufer** an der **Abzweigung der Straße Richtung Boppard/Emmelshausen.** Wir durchqueren auf dieser nicht allzu stark befahrenen Landstraße den Ort in südlicher Richtung. Kurz nachdem man über den Ehrbach ist, wendet man sich nach rechts in Richtung Emmelshausen/Ehrbachklamm (L 206). Bald darauf verlassen wir diese ruhige Straße und begeben uns links auf den Wanderweg zur Ehrenburg (ausgeschildert). Dieser führt zunächst ein langes Stück in dichtem Wald an einem schmalen Kanal entlang.

Dann wenden wir uns im Bereich einer Wiese nach links (Schild: »Ehrenburg«). Nun beginnt der steile Aufstieg zur **Ehrenburg,** erst durch dichten Fichtenwald, dann durch Laubmischwald (überwiegend Eiche). Wir gehen zunächst unter der Zugbrücke der Burg hindurch, um anschließend linker Hand zu ihr aufzusteigen (45 Min.).

Nach der Besichtigung/Einkehr verlassen wir das massive mittelalterliche Bauwerk wieder auf demselben Wege. Man geht aber dieses Mal nicht unter der Zugbrücke der Burg hindurch, sondern biegt kurz davor in einen Pfad ab, der durch

Löf
B49
352 m
B416
Start
Brodenbach
Mosel
Nörtershaus
Vogelsang
Jahrsberg
297 m
Jahrsbergerhöfe
Ehrenburgertal
Stabenhof
Eichen
Ehrenburg
Ehrbach
291 m
Kröpplinge
Höberberg
298 m
Opp
Branden-
graben-
mühle
Daumer-
Berg
Eckmühle
Winkelholz
307 m
Morshausen
Rauschen-
Berg
Beulich
304 m
0
500 m
1 : 45.000

dichten Laubwald steil in das Ehrbachtal hinunterführt. Der Pfad mündet in ein Asphaltsträßchen, auf dem wir fortan talaufwärts wandern. Der munter dahinplätschernde Bach ist von Wiesen umgeben. Bald darauf erreichen wir die **Brandengrabenmühle,** heute ein populärer Reiterhof mit Reiter- und Wanderstube sowie einem großen Biergarten (Mo, Mi–Fr ab 15 Uhr, Sa, So ab 10 Uhr).

Wir gehen weiter auf dem Sträßchen talaufwärts. Ca. 1 km hinter dem Reiterhof erreicht man – ebenfalls von Wiesen umgeben – die **Eckmühle** (1.30 Std.). Auch diese ehemalige Mühle ist heute dank ihres schattigen Biergartens ein überaus beliebtes Ausflugslokal.

Kurz danach endet der geruhsame Bachabschnitt. Auf der folgenden Kreuzung geht es nach links über den Bach und direkt dahinter nach rechts (Schild: **»Ehrbachklamm«).** Das ist der Beginn einer engen, dicht bewaldeten, wildromantischen Klamm, durch die sich der reißende Ehrbach über Stein und Fels seinen Weg bahnt. Ein schmaler Pfad führt durch das wilde, urwüchsige Gelände. Teilweise wird dem Wanderer durch Geländer und Brücken über unwegsame Stellen hinweggeholfen. Nach gut 1 km öffnet sich die Klamm, wird das Tal weiter, tritt ein Weg an die Stelle des engen Pfades, und wir überqueren den Ehrbach auf einer Holzbrücke.

Bald darauf passieren wir die **Rauschenmühle** (2.45 Std.), eine Ex-Mühle ohne neue Aufgaben. Kurz dahinter biegen wir direkt vor der zweiten Abzweigung zur Daubisbergermühle (heute Biergarten mit Selbstbedienung/Gasthaus) nach rechts ab in den Rundweg Nr. 17. Es geht nun steil bergauf – durch Mischwald, aus dem stellenweise

Auf der Ehrenburg werden Ritterspiele abgehalten

hohe Kiefern und Tannen herausragen.

Variante: Wem der Aufstieg hier zu steil ist, der geht auf dem breiten Weg weiter aufwärts und trifft nach einem weiten Bogen auf die Stelle, wo der Pfad rechts aus dem Wald kommend die Flur von Mermuth erreicht.

Bei der Einmündung in ein Teersträßchen an einem kleinen Parkplatz halten wir uns rechts (weiter aufwärts). Man tritt hier in die Flur von Mermuth ein (ausgedehnte Rapsfelder). Nach Norden reicht der Blick bis zu den Bergen der Osteifel, rechts über der Klamm ist das Dorf Hübingen zu sehen.

Nach einem Rechtsknick führt die Route an Streuobstwiesen vorbei in den kleinen Hunsrückort **Mermuth** (3.15 Std.), den wir ziemlich geradeaus via Kiefernweg und Buchenweg durchqueren. Am südwestlichen

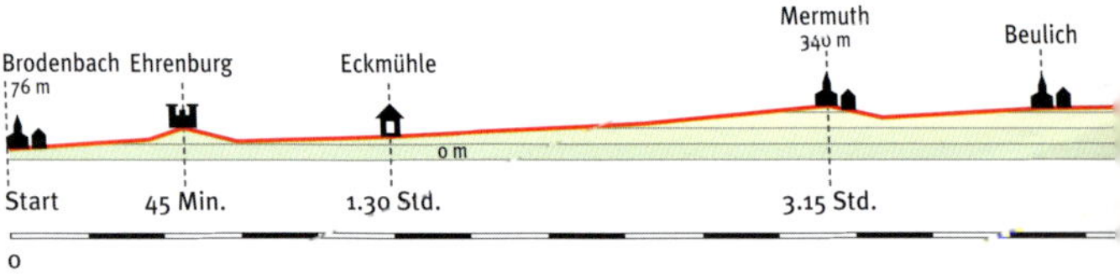

Ortsrand wechselt der Straßenbelag – jetzt Erdweg mit etwas Schotter. Hier biegen wir rechts ab (Schild: »Waldsee«). Es geht bergab.

Bald taucht eine Wegespinne auf, bei der man sich links hält (Markierung am Baum: 17). Es geht weiter abwärts. Dann führt die Route geradeaus an dem angekündigten kleinen Waldsee vorbei. Kurz dahinter sind wir wieder in der Flur. Rechts fällt der Blick auf Beulich (Vordergrund) und Morshausen (Hintergrund). Das Sträßchen führt zunächst auf die **Neuwieserhöfe** zu, auf Höhe dieses großen Gehöfts machen wir aber einen Schwenk nach rechts und biegen bald darauf am Südrand von **Beulich** in die Landstraße nach Brodenbach ein.

Man bleibt nun auf den folgenden 2,5 km auf dieser außerhalb der Berufsverkehrszeiten recht wenig befahrenen Straße. Auf ihr werden Beulich (3.45 Std.) und **Morshausen** (4.15 Std.) durchquert, zwei große, modernisiert erscheinende Dörfer. Schließlich verlassen wir die Landstraße ca. 700 m hinter Morshausen: Nach einer langen Linkskurve geht es links in einen asphaltierten Landwirtschaftsweg (Markierung: Rundweg 18, 21). Bei einem Wäldchen biegen wir aber schon kurz danach rechts in einen Grasweg ab (Markierung: weiße Ellipse auf grünem Quadrat). Es geht nun an dem besagten Wäldchen entlang. Am Ende wenden wir uns dann im rechten Winkel nach links.

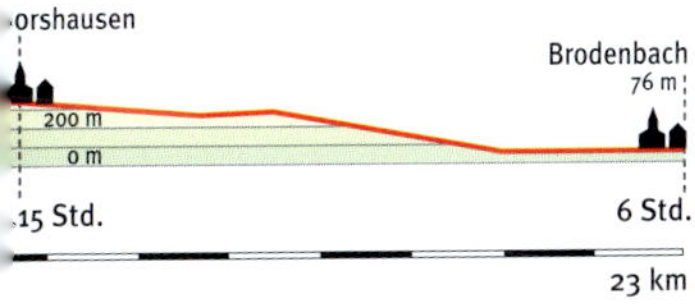

Wir überqueren zunächst einen breiten Weg, bevor die Route auf einen zweiten Weg trifft. Hier halten wir uns rechts. Kurz danach mündet der Grasweg T-förmig in ein Teersträßchen, auf dem wir links die Wanderung fortsetzen. Es geht jetzt bergauf. Auf der Höhe passieren wir geradeaus **zwei mächtige Eichen,** 100 m weiter hält man sich ebenfalls geradeaus (rechts geht es zu den Jahrsberger Höfen). Wir befinden uns nun auf einem breiten Feldweg. Es geht in den Wald.

Hier beginnt der ca. 2 km lange Abstieg zur Mosel. Wir gehen immer geradeaus (alle Abzweigungen ignorieren!). Der breite Forstweg endet schließlich an der B 49. Die letzten ca. 1,5 km führen auf dem Radweg moselabwärts zum Ausgangspunkt in **Brodenbach** (6 Std.).

Die Ehrenburg

Sie wurde 1160 von Kurtrier als Grenzburg erbaut. Im Laufe der Zeit kam es zu allerlei Veränderungen. Ursprünglich, d. h. romanisch, sind der runde Bergfried, der Palas und die Ringmauer. 1331 kam Gotisches hinzu: der Doppelturm. 1495 wurde die Bastion mit Rampenturm für schwere Geschütze angefügt.

Militärisches wie Feudales sind ein für alle Mal vergangen, die Freizeit- und Spaßgesellschaft hat auf der Ehrenburg Einzug gehalten: Sie beherbergt mittlerweile ein Hotel-Restaurant und präsentiert sich als Erlebnisburg mit Ritterspielen und -mahlen. Öffnungszeiten: Ostern–Ende Okt. Mi–Sa 10–16, So und an Feiertagen 11–18 Uhr.

Im Moselhunsrück unterwegs

Durch das Baybachtal auf die Burg Waldeck

Fast die Hälfte der Route führt durch das idyllische Baybachtal aufwärts. Bestandteil dieser Tour sind ferner ausgedehnte Hunsrückhochfluren und -wälder. Ein Abschnitt verläuft sogar auf einer ehemaligen Römerstraße.

DIE WANDERUNG IN KÜRZE

+++ **Anspruch**

6.30 Std. **Gehzeit**

27 km **Länge**

Charakter: Es gilt ein halbes Dutzend Anstiege zu bewältigen, von denen jedoch nur der Aufstieg zur Burg Waldeck schweißtreibend ist. Eine gewisse Herausforderung ist auch die Länge der Strecke.

Wanderkarte: TK 1:25 000 Burgen-, Wein- und Ferienland Treis-Karden, Hg. Verbandsgemeinde Treis-Karden

Einkehrmöglichkeiten: Treis, Hotel-Restaurant Forellenzucht, Dommershausen

Anfahrt: mit dem Auto: auf der B 49 von Koblenz nach Burgen; **mit öffentlichen Verkehrsmitteln:** von Koblenz Hbf. mit dem KVG-Bus nach Burgen Marktplatz

Burgen (880 Einw.) gehört zu den eher unscheinbaren Orten. Es existiert eine gewisse Basisausstattung an Läden und Lokalen, die Zahl der Touristen hält sich in Grenzen. Auch hochkarätige Sehenswürdigkeiten sucht man vergebens. Touristische Hauptressource sind die beschaulichen Wanderrouten im Hinterland.

Wir beginnen die Tour am **Moselufer** von Burgen und wandern auf der Straße nach Macken im Baybachtal aufwärts. Kurz hinter dem Ort geht es hinter der **Schmausemühle** rechts über den Bach und in den Wald (Markierung: B, Schild: »Burg Waldeck«).

Die Route führt nun auf den nächsten 10 km am Baybach aufwärts – mehr oder weniger dicht am Ufer, meist flach oder unmerklich steigend. Auf diesem Abschnitt folgt man stets der Markierung B sowie dem Wegweiser zur Burg Waldeck.

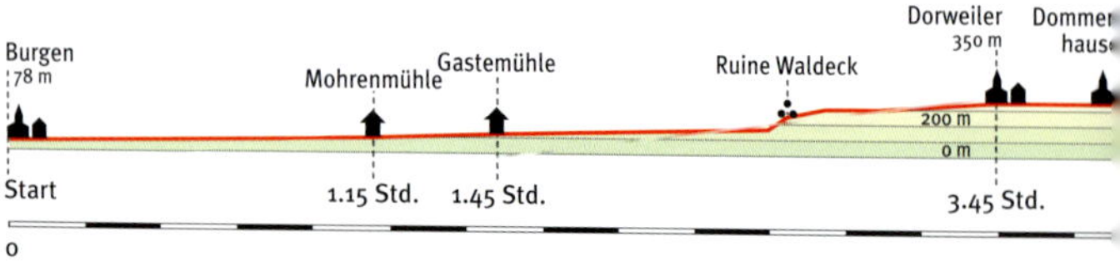

Nach ca. 2 km geht es an einer Streuobstwiese entlang. 600 m dahinter sind wir wieder an der Straße nach Macken. Es geht auf ihr weiter talaufwärts.

Dann taucht bald das bekannte Ausflugsziel **Hotel-Restaurant Forellenzucht** (Mo geschlossen) mit seinen Fischteichen auf. Etwa 400 m dahinter biegt man links in ein Teersträßchen ab, das durch Wiesen führt. 1 km hinter der Abzweigung kommen wir an der **Mohrenmühle** (heute landwirtschaftlicher Betrieb) vorbei, die von Viehweiden umgeben ist (1.15 Std.). Ab hier befindet man sich nun bis zur Burg Waldeck auf Erdweg.

Ca. 2 km hinter der Mohrenmühle wird die **Gastemühle** passiert (1.45 Std.). Die Route führt jetzt bis zum Eintritt in die Hunsrückhochflur durch Wald. Knapp 3 km hinter der Gastemühle gilt es zwei starke Anstiege zu bewältigen. Hier entfernt man sich ein Stück vom Baybach. Danach geht es nur noch einmal kurz am Bach entlang. Vor einer **Steinbrücke** (3 Std.) biegt man schließlich nach rechts ab (Schild: »Burg Waldeck«) und steigt auf.

In der Linkskurve nach ca. 300 m verlassen wir zunächst für einen kurzen Besuch der nahe gelegenen **Burgruine Waldeck** den Hauptweg. Nach dem Streifzug durch das Ruinengelände kehren wir wieder zur Hauptroute zurück. Es folgt zunächst ein hangparallel verlaufender Abschnitt, bevor es ein längeres Stück steil bergauf geht. Auf der Höhe mündet unsere Wanderroute in ein Asphaltsträßchen (3.30 Std.). Dort geht es links weiter.

Wir unternehmen jedoch zunächst noch rechts den kurzen Abstecher zur **Jugendburg Waldeck,** einer alternativen Tagungsstätte und Jugendherberge mit bewegter Vergangenheit. Direkt davor befindet sich jene Bergwiese, auf der in den 1960er und 1970er Jahren die legendären Konzerte mit den aufstrebenden jungen Liedermachern Bob Dylan, Franz-Josef Degenhardt, Hanns-Dieter Hüsch, Hannes Wader, Dieter Süverkrüp, Reinhard Mey u. a. stattfanden. Auch heute werden hier noch »alternative« Feste gefeiert, aber das hat nicht mehr die Sprengkraft von einst.

Wir kehren zur Hauptroute zurück und setzen den Weg auf dem Sträßchen Richtung Dorweiler fort. Man befindet sich nun für längere Zeit auf Hunsrückhochfläche. Kurz darauf treten wir in die Flur hinaus. Der Blick kann jetzt weit schweifen. Immer geradeaus, Abzweigungen ignorierend, treffen wir nach ca. 1 km in **Dorweiler** (3.45 Std.) ein, einem gemütlichen Bauerndorf. Dieses wird auf der Hauptstraße Richtung Dommershausen durchquert. Am Ortsende biegen wir halblinks ab.

An der nächsten Kreuzung geht es rechts weiter. Anschließend wandern wir durch die weite Flur geradewegs auf **Dommershausen** zu. Auf

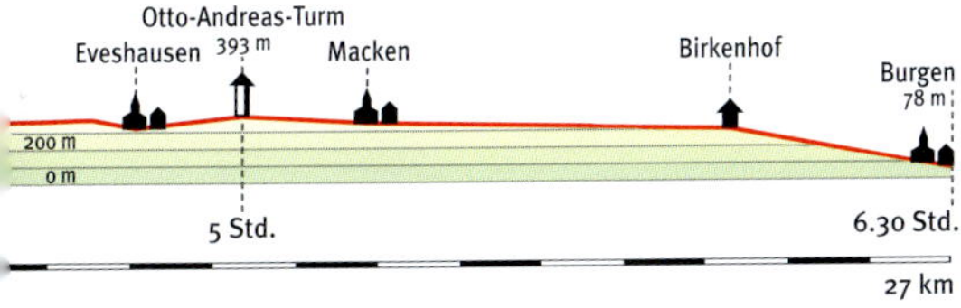

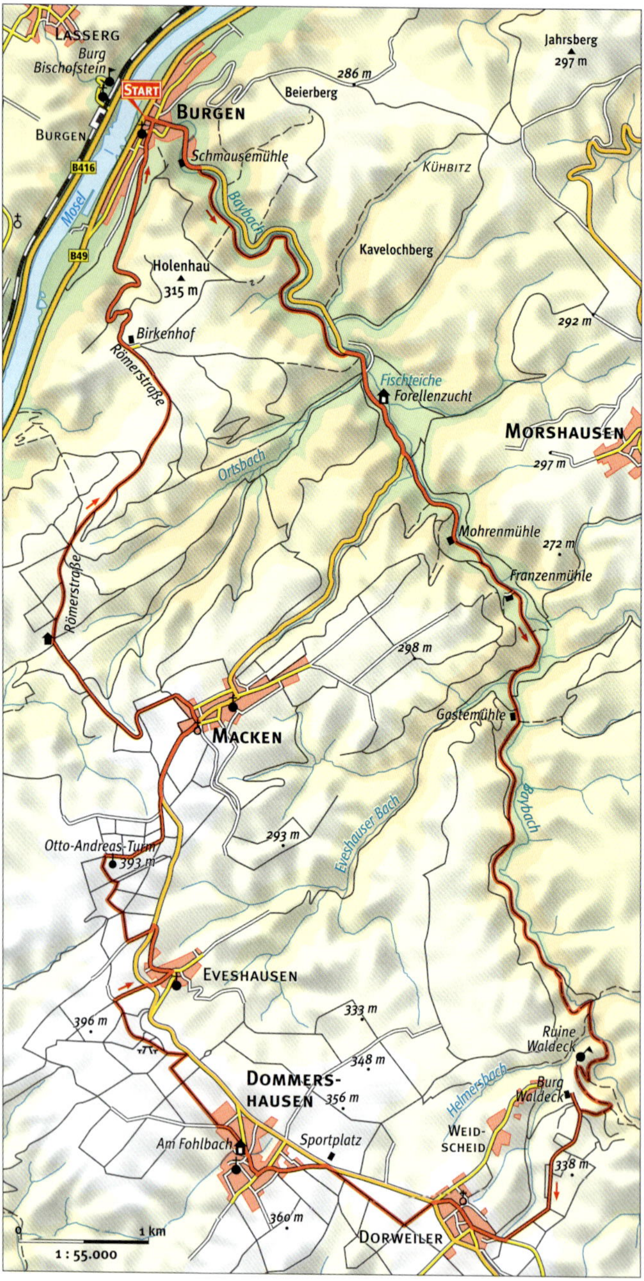
Lasserg
Burg Bischofstein
Start
Burgen
Burgen
B416
Mosel
B49
Beierberg
286 m
Jahrsberg
297 m
Schmausemühle
Kühbitz
Baybach
Kavelochberg
Holenhau
315 m
Birkenhof
Römerstraße
292 m
Fischteiche
Forellenzucht
Morshausen
297 m
Ortsbach
Mohrenmühle
272 m
Franzenmühle
Römerstraße
298 m
Gastemühle
Macken
Baybach
Eveshauser Bach
293 m
Otto-Andreas-Turm
393 m
Eveshausen
396 m
333 m
Ruine Waldeck
348 m
Helmersbach
Dommershausen
356 m
Burg Waldeck
Weidscheid
Am Fohlbach
Sportplatz
338 m
360 m
Dorweiler
0
1 km
1 : 55.000

Höhe des Sportplatzes kommt man dicht an die Landstraße, entfernt sich aber sofort wieder. Im Ortszentrum gehen wir ein Stück auf der Hauptstraße – zunächst ab- und dann aufwärts, bevor wir schließlich hinter dem Gasthaus »Am Fuhlbach« linker Hand in die Seitenstraße »Im Acker« einbiegen.

Am Ortsrand geht es rechts ab und auf einem Feldweg parallel zur Landstraße aufwärts (Wanderweg Nr. 3). Er mündet nach 600 m und einem Rechtsknick in einen Querweg, dort halten wir uns links. Aber bereits auf der nächsten Abzweigung müssen wir nach rechts.

Wir durchqueren nun einen Waldstreifen. Bald nach der Grillhütte Eveshausen trifft unsere Route auf den Moselhöhenweg (M). Hier halten wir uns rechts. Es geht nun immer geradeaus nach **Eveshausen** hinunter. An der Kirche wendet man sich nach links und geht zur Landstraße nach Macken hinaus. Dort folgen wir nach der Einmündung sogleich von der anderen Straßenseite aus der gekennzeichneten Route zum ca. 1 km entfernten **Otto-Andreas-Turm** (5 Std.), der einen spektakulären Rundblick bietet.

Anschließend geht es rechts zur Straße nach Burgen hinüber und nach **Macken** (5.15 Std.) hinunter, wo wir bereits im Oberdorf auf Höhe der Kapelle links abbiegen. Man folgt nun der Wanderroute 7 auf einem breiten Weg im schnellen Wechsel durch Flur, Wald, wieder Flur, Wald (Schutzhütte) und wieder Flur Richtung Birkenhof. Alle Abzweigungen werden ignoriert.

Schließlich folgt ein ganz langer Abschnitt durch Wald, bevor man in die **Flur des einsamen Birkenhofes** (6 Std.) eintritt. Passagen dieses Weges verlaufen auf der Trasse einer ehemaligen Römerstraße.

Hinter dem Gehöft, das von ausgedehnten Viehweiden umgeben ist, beginnt der Abstieg nach **Burgen,** zuerst durch Wald, dann durch Weinberge. Immer geradeaus gehend, an der Kirche vorbei, treffen wir schließlich auf die Straße nach Macken, die zur B 49 ans **Moselufer** führt, wo wir gestartet sind (6.30 Std.).

Tour 6

Burgenromantik

Von Moselkern zur Burg Eltz

Kombiniert wird auf dieser Tour das populärste Wanderziel der Moselregion, die romantische Burg Eltz, mit dem Elzbachtal, viel Wald, Weinbergen, den Weinorten Moselkern und Müden sowie einem Abschnitt des Moseltals.

DIE WANDERUNG IN KÜRZE

+ Anspruch

3 Std. Gehzeit

11 km Länge

Charakter: Es gibt lediglich zwei leichte Anstiege, aber eine Reihe lang gezogener Gefällestrecken und flacher Passagen.

Wanderkarte: TK 1:25 000 Maifeld und Untermosel, Hg. Landesvermessungsamt Rheinland-Pfalz

Einkehrmöglichkeiten: Moselkern, Ringelsteiner Mühle, Burg Eltz, Müden

Anfahrt: mit dem Auto: auf der B 416 von Koblenz nach Moselkern; **mit öffentlichen Verkehrsmitteln:** von Koblenz Hbf. mit der Regionalbahn nach Moselkern

Moselkern (750 Einw.) ist ein recht betriebsames Dorf mit alten Fachwerkhäusern, allen voran das spätgotische Rathaus aus dem Jahre 1535. Einen Besuch wert ist die romanisch-frühklassizistische Valeriuskirche mit ihrer reichen Ausstattung. Davor steht das bekannte Merowingerkreuz aus dem 7. Jh.

Wir starten an der **Ecke Burg-Eltz-Straße/Oberstraße** ganz im Südwesten von Moselkern. Es geht zunächst auf der breiten Straße am Elzbach aufwärts. Dann zweigt rechts der Wanderweg ab (Schild). Nach ca. 600 m kehren wir jedoch kurz vor dem Restaurant/Café **Ringelsteiner Mühle** wieder zur Straße zurück. Letztere endet kurz nach dem Lokal. Dort geht es links auf einem Wanderpfad in den Wald (bis Burg Eltz). Der gut markierte Einstieg (Schild: »Burg Eltz«) ist nicht zu verfehlen. Es geht nun kurz bergauf. Danach ist die Strecke kilometerlang weitgehend flach. Schließlich steigt

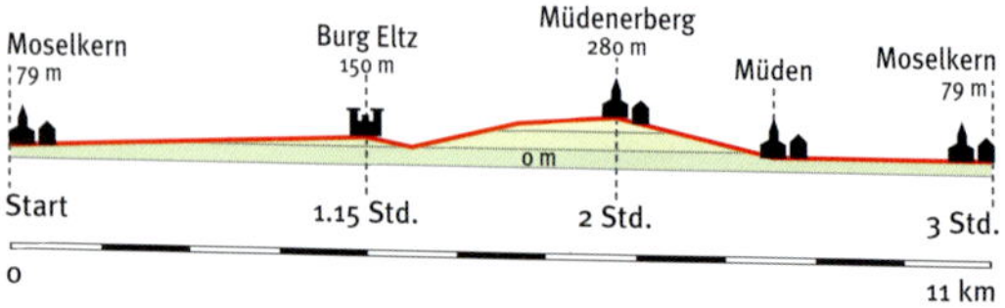

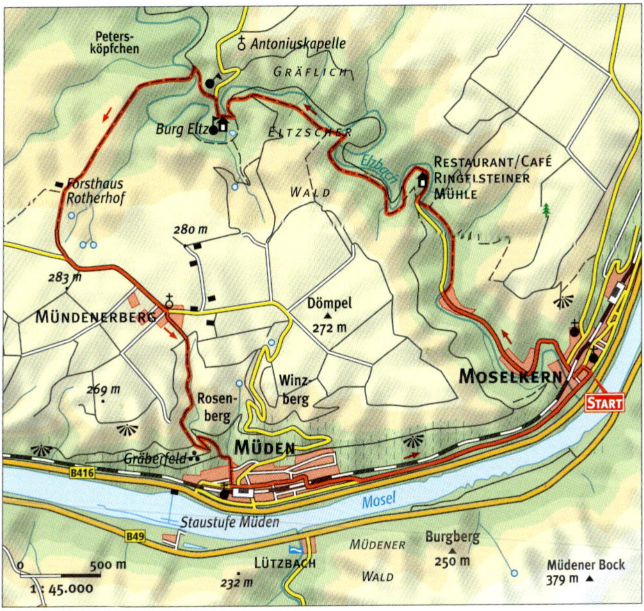

man zum Elzbach hinunter, über dem sich malerisch die **Burg Eltz** erhebt. Hinter dem Drückchen sind noch zahlreiche Treppenstufen zu bewältigen, bevor man am Burgtor angelangt ist (1.15 Std.).

Die südlichen, von der Sonne verwöhnten, sehr trockenen Felshänge der Burg Eltz sind der Lebensraum zahlreicher Wärme und Trockenheit liebender Gräser (Federgras, Wimper-Perlgras), Kräuter und Gehölze (französischer Ahorn, Elsbeere, Felsenbirne). Für einige ist dies ihr nördlichster Standort in Europa.

Nach der Besichtigung und Einkehr verlassen wir die märchenhaft schöne Burg auf der Straße nach Wierschem/Münstermaifeld. Nach ca. 100 m biegt man aber bereits nach links ab (Schild: »Karden«, Markierung: M). Es geht auf einen Pfad. Kurz danach halten wir uns in der Rechtskurve links (M) – weiter abwärts. Im beschaulichen Elzbachtal mündet der Moselhöhenweg in einen breiten Weg. Hier wenden wir uns nach links.

Danach überqueren wir den rauschenden Bach und gehen geradeaus. Ca. 300 m hinter der Brücke biegen wir rechts in einen Pfad ein (Markierung: M), die Route verläuft jetzt durch dichten Niederwald steil aufwärts. Nach einer Weile geht die Steigung stark zurück. Man befindet sich dann in hochstämmigem Buchen-Eichen-Kiefern-Fichten-Mischwald. Bald darauf passieren wir eine kleine Lichtung mit dem **Forsthaus Rotherhof** (1.45 Std.). Unsere Route verläuft hier geradeaus. Es geht jetzt wieder ein wenig stärker bergan.

Auf der Höhe treten wir in die Flur von Müdenerberg (Getreidefelder) hinaus und erreichen das einsame Landsträßchen nach Müden (links). Es ist nicht mehr weit bis zu dem

winzigen Ort **Müdenerberg** (2 Std.), wo der Abstieg nach Müden beginnt. Vor der Kapelle geht es nach rechts (Markierung: 5, 6) und abwärts. Man gelangt dann geradeaus in den Wald.

Der Abstieg ist danach ziemlich steil. In regelmäßigen Abständen passieren wir Stationen des Müdener Kreuzweges. Nach knapp 1 km treten nicht minder steile Weinberge an die Stelle des Waldes. Im Übergangsbereich wurde vor Jahren ein frühfränkischer Friedhof mit mehr als 500 Gräbern entdeckt, über den Infotafeln berichten. Die Funde kamen ins Archiv des Landesamtes für archäologische Forschung und Denkmalspflege in Koblenz.

Beim Abstieg durch die Weinberge hat man stets die Kirche im Blick. Rechts ist stellenweise die Müdener Schleuse zu sehen. Die Wanderroute mündet am Nordwestrand von **Müden** (800 Einw.) in die Straße »Sonnenberg«. Wir gehen hier nach rechts. Es sind dann nur wenige Meter bis zur Bachstraße, auf der es anschließend – an der liebevoll restaurierten Lohmühle aus dem 17. Jh. vorbei – Richtung Zentrum zur Hauptstraße (2.30 Std.) hinuntergeht. Auf dieser durchqueren wir dieses lang gestreckte Fährgassendorf, dessen romanische Kirche aus dem 12. Jh. eine barocke Ausstattung besitzt, nach Osten. Am Ortsende setzt man den Weg geradeaus auf dem breiten weinwirtschaftlichen Nutzweg »Moselkerner Straße« fort.

Die Route führt nun im Moseltal schnurgerade zwischen Weinbergen und Bahntrasse zur Linken und der Bundesstraße 416 zur Rechten nach **Moselkern.** Dort setzt sie sich auf der Moselstraße fort, von der man via Kirchstraße (links) zur **Ecke Burg-Eltz-Straße/Oberstraße,** dem Start und Ziel der Tour, gelangt (3 Std.).

Burg Eltz

Diese Burg auf steilem, wenn auch nicht hohem Schieferfelsen über dem dicht bewaldeten, engen Tal des Elzbaches liegt ausgesprochen malerisch. Mit ihren zahllosen Türmen und Türmchen, Steildächern, Erkern und Zinnen wirkt sie wie eine Märchenburg.

Das mittelalterliche Bauwerk wird 1157 erstmals urkundlich erwähnt. Dank der erfolgreichen Fürsprache eines lothringischen Verwandten der Burgbesitzer entging es 1687–89 dem Zerstörungswerk der Truppen des Sonnenkönigs. 1920 wurden durch einen Brand Schäden verursacht, die allerdings bald behoben werden konnten.

Die Burg Eltz ist ein beliebtes Ausflugsziel. Die Führung ist obligatorisch. Dabei lernt man adelige Wohnkultur und eine reiche Schatzkammer kennen. Auf hungrige und durstige Wandersleute warten zwei Selbstbedienungsrestaurants. Öffnungszeiten: 1. April–1. Nov. tgl. 9.30–17.30 Uhr.

Wie im Märchen: Burg Eltz

Idyllische Vordereifeltäler

Durch das Elzbachtal zur Burg Pyrmont

Zwischen den beschaulichen Tälern von Elzbach und Brohlbach erstreckt sich eine Hochfläche mit ausgedehnten Fluren und viel Wald. Hoch über dem Elzbach steht die mächtige Burg Pyrmont, das Highlight der Rundwanderung.

DIE WANDERUNG IN KÜRZE

++ Anspruch

6 Std. Gehzeit

23 km Länge

Charakter: Eine Tour dieser Länge stellt Ansprüche an die Kondition; das Profil ist allerdings nicht schwer, der weitaus größte Teil führt durch Tal, die vier Anstiege sind – bis auf den ersten – nicht steil.

Wanderkarte: TK 1:25 000 Burgen-, Wein- und Ferienland Treis-Karden, Hg. Verbandsgemeinde Treis-Karden

Einkehrmöglichkeiten: Karden, Burg Pyrmont, Weilerhof

Anfahrt: mit dem Auto: auf der B 416 von Koblenz nach Karden; **mit öffentlichen Verkehrsmitteln:** von Koblenz Hbf. mit dem Regionalexpress nach Treis-Karden

Das Erscheinungsbild von **Karden** (600 Einw.), dem nördlichen Teil der großen Doppelgemeinde Treis-Karden, wird bestimmt durch die mächtige Stiftskirche St. Castor, eine Kirche im Stil der Spätromanik, die zwischen 1183 und 1220 erbaut wurde. Dieses gewaltige domartige Gotteshaus war seit dem Hochmittelalter Sitz eines Chorbischofs der Diözese Trier. Um diesen religiösen – nicht geografischen – Mittelpunkt der Gemeinde gruppieren sich die teilweise noch in der ursprünglichen Architektur erhaltenen Stiftshäuser.

Der Start erfolgt im äußersten **Nordosten von Karden** an der **Ecke Kernstraße/St.-Castor-Straße,** ca. 30 m von der B 416 entfernt. Es geht nur wenige Meter auf der Straße nach Brohl aufwärts, bevor wir rechts in den Burg-Eltz-Weg abbiegen (Markierung: M). Nach weiteren 70 m gehen wir dann links in den Pfad des Moselhöhenweges, der steil im Weinberg aufwärts führt. Die

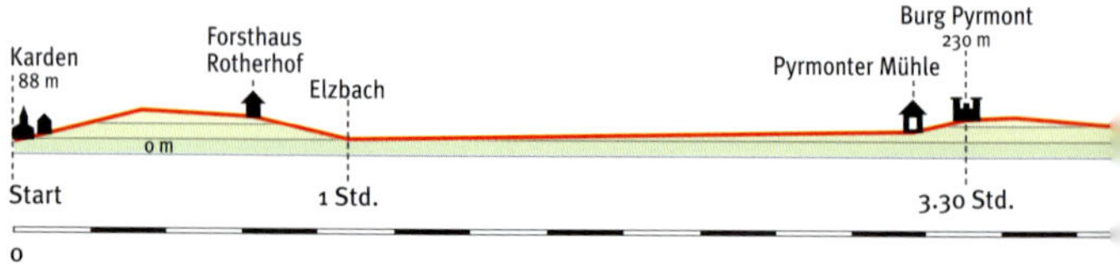

Aussicht auf das Moselstädtchen mit dem mächtigen »Moseldom« St. Castor ist großartig. Weiter oben geht es durch dichten Wald. Schließlich kommt man an einer Aussichtsplattform vorbei, die einen ausgezeichneten Rundblick über Treis-Karden und das Treiser Siebengebirge eröffnet. Die Steigung lässt nach. Die Höhe ist bald erreicht, wir treten in die Flur hinaus. Kurz darauf trifft der Moselhöhenweg zwischen dem **Klickerterhof** und den **Windhäuser Höfen** auf ein Sträßchen, dort geht

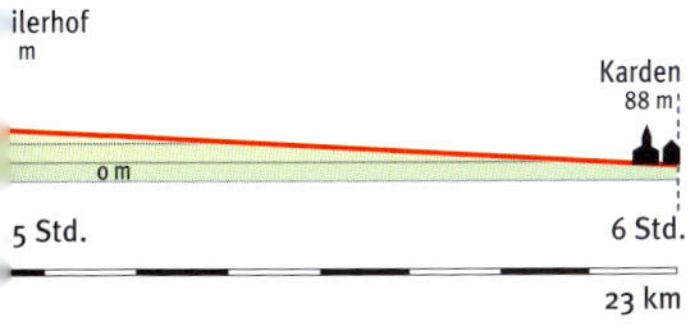

Burg Pyrmont und der Elzbachwasserfall

es nach links. Wir wenden uns aber schon gleich dahinter an der **Kapelle** (30 Min.) nach rechts. Danach führt der Moselhöhenweg geradeaus durch Felder und erreicht schließlich die Landstraße Möntenich–Müdenerberg/Müden.

Wir gehen auf dieser Straße zunächst ein Stück Richtung Müden (rechts), bevor wir schließlich links auf einem Forstweg in den Wald einbiegen (Schild: »Burg Eltz«, Markierung: M). Immer geradeaus gehend, erreicht man auf einer kleinen Lichtung das **Forsthaus Rotherhof.** Wir sind jetzt im Hochwald. Zuerst fällt der Weg nur leicht, dann geht es steil bergab in das Tal des **Elzbaches** hinunter. Wir überqueren den Bach und wenden uns an der nächsten Abzweigung nach links (1 Std.). Rechts geht es zur Burg Eltz, die nur ca. 500 m entfernt ist, also leicht »mitgenommen« werden kann.

Wir wandern nun bis kurz vor der Burg Pyrmont immer im idyllischen Tal des Elzbaches aufwärts. Meist befindet man sich in der Nähe des geräuschvoll dahinplätschernden Gewässers, das von dichtem Auwald aus Eschen, Schwarzerlen und Traubenkirschen umgeben ist. Hier und da säumen aber auch Wiesen den breiten Bach. An den unteren Hangpartien des engen Tals bestimmen Linden, Ahorn, Ulmen und Rotbuchen die Szenerie. Die Tierwelt dieses ruhigen Tals, das durch keine lärmende Autostraße begleitet wird, ist artenreich. Dies gilt ganz besonders für Schmetterlinge, von denen über 350 Spezies gezählt wurden. Und mit etwas Glück sichtet man neben Grasmücken, Nachtigallen, Wasseramseln und Gebirgsstelzen auch den Eisvogel.

Bis zur L 110 (Landstraße Möntenich–Pillig) wechseln wir dreimal das Ufer. Nach der dritten Überquerung ist ein steiler Anstieg zu bewältigen. Kurz darauf gehen wir unter der L 110 hindurch, steigen dann zu ihr auf, überqueren den Bach und gehen dann nach links in den Wanderweg zur Burg Pyrmont (Schild). Man wandert nun wieder am Bach entlang. Der ist dann noch ein letztes Mal zu überqueren, bevor wir kurz hinter einem kleinen Wasserfall die **Pyrmonter Mühle** erreichen (3.15 Std.). Diese ist eine von ehemals vier Mühlen im Elzbachtalabschnitt Burg Eltz–Burg Pyrmont. Heute fungiert sie als Restaurant (ganzjährig geöffnet; Fr–Di ab 12, Mi ab 17 Uhr, Do geschlossen; im Winter nur Sa, So ab 12 und Mo–Mi, Fr ab 17 Uhr).

Wir gehen an der ehemaligen Mühle vorbei zur K 35 hinauf, der wir ein kurzes Stück Richtung Roes (links) folgen. Dann geht es hinter der Rechtskurve links zur **Burg Pyrmont** hinauf – ein kurzer steiler Anstieg (3.30 Std.).

Nach Besichtigung und Einkehr verlassen wir das mächtige Bauwerk nach links auf dem Schotterweg zu den Pyrmonter Höfen und gehen bergauf. Eingangs der bald erreichten Rechtskurve biegt man nach links ab (Markierung: u. a. 1). Der Wanderweg hält auf den nächsten 500 m die Höhe. Er führt an Felsen entlang, die Aussicht reicht weit in das Maifeld hinein.

Dann geht es links in einen schmalen Pfad (Markierung: 1), der im Wald steil abwärts führt. Nach ca. 300 m wird ein Bach überquert. Dahinter hält man sich links. Es geht dann 150 m weit aufwärts und 300 m weit abwärts, bevor man erneut am Bach landet. Anschließend müssen wir nochmals auf und ab, nun im Bereich des Elzbaches. Schließlich verlässt man das Tal auf einer Kreuzung nach rechts und steigt der Markierung M 1 folgend durch Wald und Wiesen zum **Weilerhof** auf, der eine Gaststube unterhält (4.15 Std.). Oberhalb geht es nach links in ein Teersträßchen. Wir sind nun längere Zeit in einer ausgedehnten Flur. Es folgt ein längerer Abstieg Richtung Möntenich – zunächst immer geradeaus. Dabei hat man einen weiten Ausblick: links Möntenich und das Elzbachtal, rechts Brohl und das Brohlbachtal.

An der Verzweigung ca. 1 km hinter dem Weilerhof halten wir uns rechts. Kurz danach mündet unsere Route in die Straße Möntenich–Brohl, auch hier wenden wir uns nach rechts, d. h. Richtung Brohl. Direkt vor dem **Brohlbach** (4.45 Std.) biegen wir nach links ein.

Danach geht es auf einem Erdweg immer am Bach entlang durch Wald nach Karden hinunter. Auch in diesem weitgehend naturbelassenen Bachtal waren einst mehrere Mühlen aktiv. Kurz vor unserem Zielort mündet die Wanderroute in die K 31, eine Teerstraße, die von Möntenich via Pilligerheck nach Karden hinunterführt. Immer geradeaus gehend, landen wir nach ca. 1 km in **Karden** an der **Ecke Kernstraße/St.-Castor-Straße,** Ausgangs- und Endpunkt der Tour (6 Std.).

Die Burg Pyrmont

Wie die Burg Eltz thront die Burg Pyrmont auf einem steilen Hügel über dem Tal des Elzbaches. Sie hat allerdings einen ganz anderen Charakter als die verspielt-romantische Nachbarburg. Sie wirkt massiv-wehrhaft, dafür sorgen hohe Mauern und ein mächtiger Bergfried.

Wie fast alle Festungen der Region wurde die Burg Pyrmont 1689 von den Truppen Ludwigs XIV. zerstört. Beim Wiederaufbau ersetzten die Burgherren Waldbott von Bassenheim 1712 die Ruine der Wohnburg durch ein barockes Schloss. Ein Jahrhundert später ließen sie das Bauwerk dann doch verfallen. Erst 1963 wurde das Gemäuer durch eine gründliche Restaurierung baulich wieder in die »gute alte Zeit« versetzt.

Auf dem Rundgang bekommt man adelige Wohnkultur aus dem 18. Jh. zu sehen und kann die schöne Aussicht genießen. Es existiert ein Restaurant, im großen Innenhof finden im Sommer Konzerte und Feste statt. Öffnungszeiten: Ostern–1. Nov. Mi–So sowie an Feiertagen 10–18 Uhr.

Treiser Siebengebirge

Durch die Täler von Dünnbach und Kriegsbach

Mehrere Bäche haben den Steilhang von Treis zerschnitten und aus ihm das gipfelreiche »Treiser Siebengebirge« geformt. Diese Tour kombiniert zwei der Bachtäler zu einer gemütlichen Rundwanderung.

DIE WANDERUNG IN KÜRZE

+ Anspruch

3.30 Std. Gehzeit

14 km Länge

Charakter: Ein längerer Anstieg, allerdings nicht steil, der Rest ist kinderleicht.

Wanderkarte: TK 1:25 000 Burgen-, Wein- und Ferienland Treis-Karden, Hg. Verbandsgemeinde Treis-Karden

Einkehrmöglichkeiten: Treis

Anfahrt: mit dem Auto: auf der B 49 von Koblenz nach Treis; **mit öffentlichen Verkehrsmitteln:** von Koblenz Hbf. mit dem Regionalexpress bis Bahnhof Treis-Karden (Ortsteil Karden), dann 1 km Fußweg nach Treis

Treis (2000 Einw.) ist der südliche Ortsteil der Bindestrichgemeinde Treis-Karden. Es gibt hier auch ein paar Sehenswürdigkeiten, die allerdings nicht so hochkarätig sind wie jene in Karden. Dennoch sehenswert sind die Überreste der Katharinenkirche, die Zilleskapelle und zwei Burgruinen (Burg Treis und Wildburg). Dafür besitzt Treis die Hauptgeschäftsstraße der Verbandsgemeinde und hat eindeutig das bessere Freizeitangebot (u. a. ein Schwimmbad).

Gestartet wird auf der **Moselbrücke,** die den Doppelort Treis-Karden verbindet. Man hat hier einen schönen Blick auf Treis, Karden und die umliegenden Berge. Wir gehen anschließend auf der Hauptstraße – am Marktplatz vorbei – an den Südwestrand von Treis. An der Verzweigung gegenüber dem Schwimmbad hält man sich links – Straße L 202 Richtung Maria Engelport. Nur 200 m weiter folgt erneut eine Verzweigung, auch hier wenden wir uns nach links. Es geht nun im **Dünnbachtal** aufwärts. Zunächst richtet sich der Blick auf die Burgruine Treis hoch über der Straße. Nach ca. 2 km kommen wir an einem großen Steinbruch vorbei.

Der Straßenbelag besteht nun aus Schotter. Bis dahin säumten Wiesen den recht breiten Bach, jetzt sind wir im Wald. Es geht weitere 2 km im Tal aufwärts, bevor man links in das enge Tal des sehr schmalen **Kriegsbaches** abbiegt (1 Std.). Auf der Drei-Wege-Verzweigung hinter dem Dünnbachbrückchen gehen wir geradeaus (Schild: »Honshäuserhof«, Markierung: U 4). Die Tour

Im herbstlichen Buchenwald macht das Wandern besonders viel Freude

führt nun sehr lange auf einem Erdweg geradewegs durch dichten Wald aufwärts. Dreimal werden Rinnsale überquert – stets geradeaus.

Etwa 2,5 km hinter dem Dünnbachbrückchen mündet der Weg in einen breiteren Weg, auf dem man rechts den Aufstieg fortsetzt (1.30 Std.). Nach mehreren Kurven erreichen wir nach ca. 1 km einen breiten Schotterweg, auf dem wir uns rechts halten. Man ist nun fast auf der Höhe. Hohe Buchen bestimmen das Bild. Ca. 400 m dahinter geht es auf der Kreuzung nach links in den recht gut markierten Moselhöhenweg (M), dem wir auf dem letzten Abschnitt der Rundwanderung folgen. Nach

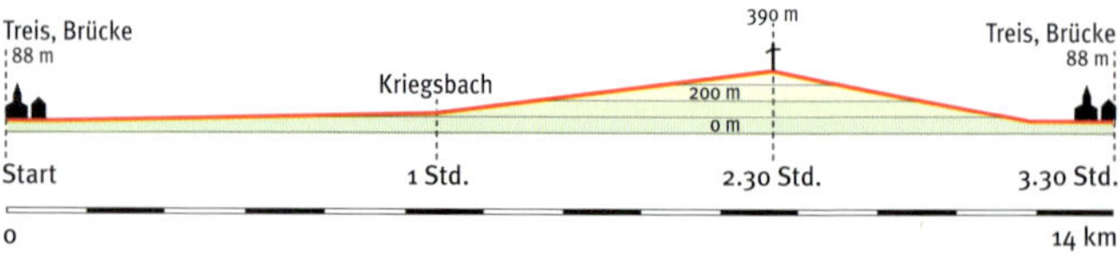

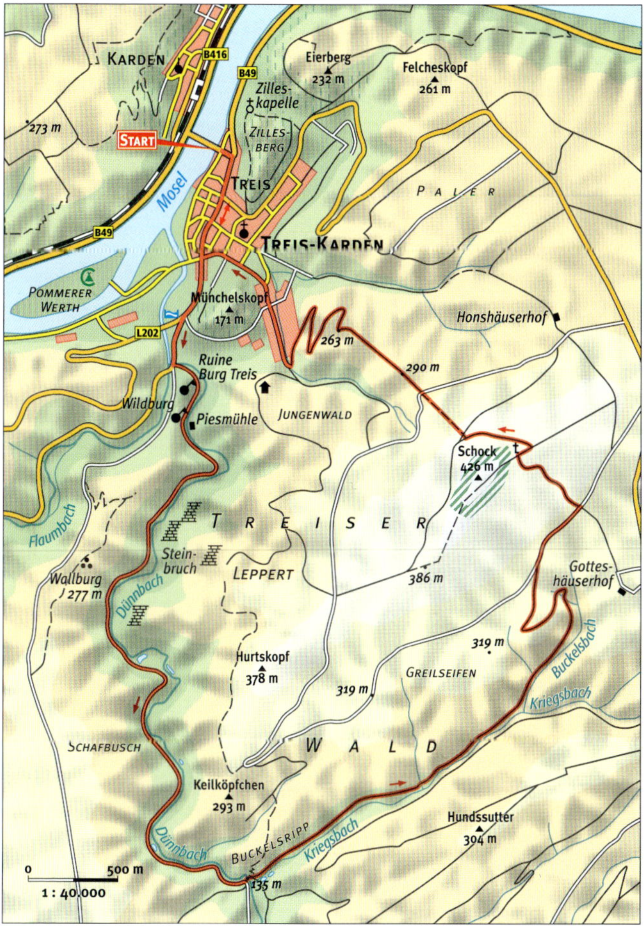

500 m biegt dieser vor einem **Holzkreuz** nach rechts ein (Markierung: M). 100 m dahinter halten wir uns dann links (2.30 Std.).

Nun beginnt der steile Abstieg nach **Treis.** Zunächst geht es noch lange durch Wald – einmal unterbrochen durch eine kleine Lichtung. Nach einigen Serpentinen kommen wir durch einen neueren Ortsteil. Immer geradeaus abwärts gehend, landen wir schließlich an der Hauptstraße, auf der wir an Straußwirtschaften, Winzerhäusern und Läden vorbei zur **Moselbrücke** zurückkehren (3.30 Std.).

Tour 9

Moselhöhenweg und Auwald

Von Treis nach Valwigerberg

Die erste Tourhälfte führt über Hunsrückhochfläche – mit viel Wald, weiten Fluren und mehreren spektakulären Ausblicken auf das Moseltal. Danach führt eine lange Passage am Flussufer durch Auwald.

DIE WANDERUNG IN KÜRZE

++ Anspruch

5 Std. Gehzeit

20 km Länge

Charakter: Langer Anstieg am Anfang, danach geht es gemütlich weiter, wegen ihrer Länge ist die Wanderung jedoch nicht mehr einfach zu nennen.

Wanderkarte: TK 1:25 000 Burgen-, Wein- und Ferienland Treis-Karden, Hg. Verbandsgemeinde Treis-Karden

Einkehrmöglichkeiten: Treis, Valwigerberg

Anfahrt: mit dem Auto: auf der B 49 von Koblenz nach Treis; **mit öffentlichen Verkehrsmitteln:** von Koblenz Hbf. mit Regionalexpress bis Treis-Karden (Ortsteil Karden), dann 1 km Fußweg nach Treis

Wir starten auf der **Treis-Kardener Moselbrücke.** Es geht dann auf der Hauptstraße quer durch Treis – stets geradeaus, an Läden und dem Marktplatz vorbei, bis wir an der Verzweigung auf Höhe des Schwimmbades nach rechts Richtung Bruttig-Fankel abbiegen (15 Min.). Man steigt dann ca. 1 km geradeaus steil bergauf.

In der Linkskurve biegen wir rechts in den Wald ab (Markierungen: M, U 8, U 9). Die Route verläuft nun lange Zeit flach. Nach ca. 1 km (45 Min.) hat man eine schöne Aussicht auf Pommern. Ca. 700 m dahinter begeben wir uns an der Abzweigung rechts in den breiten Weg. 500 m weiter verzweigt sich dieser Weg, hier geht es geradeaus. Die Route führt danach ein Stück am schmalen Labersbach entlang – immer leicht steigend.

Bald darauf treten wir in die Flur ein (1.30 Std.). Noch in Waldnähe geht es am **Birkenhof** vorbei. Kurz

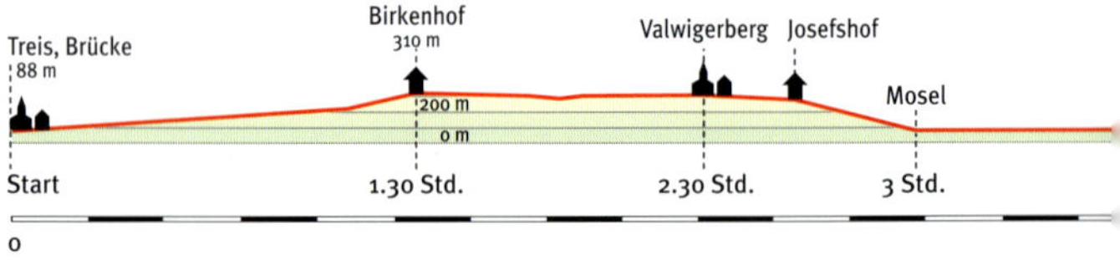

Die alte Eiche in Valwigerberg

danach mündet der Weg T-förmig in die K 34. Auf dieser wenig befahrenen Landstraße gehen wir rechts Richtung Valwigerberg weiter. Man wandert zwischen ausgedehnten Wiesen. Der Blick reicht weit, bis zu den Bergen der Osteifel.

Schließlich sind wir wieder am Wald. Hier geht es links in den markierten Moselhöhenweg (Schild: »Zum Moselblick«). Die Route führt zunächst ein Stück am Wald entlang, bevor sie in ihn eintaucht.

Ca. 200 m dahinter, wo der Moselhöhenweg sich nach rechts wendet, lohnt der Abstecher zur 300 m entfernten Aussichtsplattform »Moselblick«. Hier kann man die spektakuläre Aussicht auf die Moselschleife zwischen Bruttig-Fankel und Ernst genießen.

Wir folgen dem ordentlich markierten Moselhöhenweg bis Valwigerberg. Nachdem man im Bereich der K 34 ein Stück am Rand einer Lichtung entlanggegangen ist, betritt man wieder Wald. Die Route führt an einem Aussichtspunkt vorbei, von dem das Moseltal zwischen Valwig und Cochem zu sehen ist. Dahinter verläuft sie ein kurzes Stück auf dem neuen Apollorundweg. Hier hat man zwischen Mitte Juni und Ende Juli gute Chancen, dem seltenen Apollofalter zu begegnen.

Der Moselhöhenweg tritt am Sportplatz der Gemeinde **Valwigerberg** (2.30 Std.) aus dem Wald her-

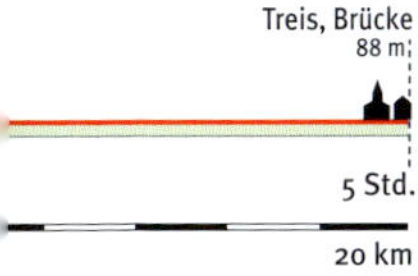

Blick von Treis hinüber nach Karden mit dem »Moseldom«

aus. Rechts sieht man eine 600 Jahre alte Eiche, die einst als Grenzmarke gepflanzt wurde und als »Schereiche« Futter zu liefern hatte (Infotafel).

Wir biegen nun links in die K 34 ein, verlassen sie aber schon nach wenigen Metern wieder – rechts neben dem Gasthaus-Café. Nun geht es auf dem Wanderweg Nr. 2 in die

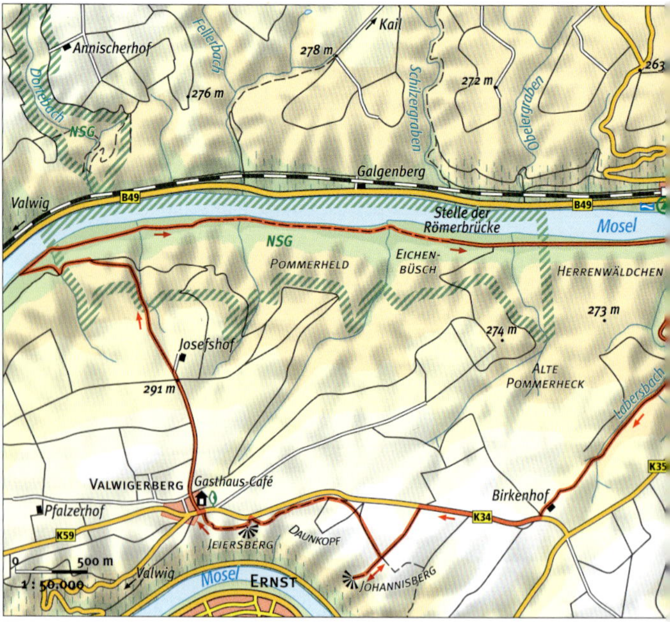

weite Flur. Nach etwa 1 km – immer geradeaus – passieren wir den stattlichen **Josefshof.** Es beginnt nun der steile Abstieg ins Moseltal. Kurz hinter dem Hof geht es in den Wald. Am Wegrand sind die bunten Bildstöcke eines Kreuzweges aufgestellt. Man landet schließlich direkt am **Flussufer** (3 Std.). Auf der gegenüberliegenden Seite liegt Klotten. In den Sommermonaten besteht hier an den Wochenenden eine Fährverbindung. Wir gehen nun durch Auwald flussabwärts nach Treis, 8 km – zumeist nicht allzu weit vom Fluss entfernt. Ein Teil dieses Abschnittes, das Pommerheld, in dem Kormorane, Graureiher und Haselhühner überwintern, steht unter Naturschutz. Ein Schild weist Wanderer und Radler auf angemessene Verhaltensweisen hin.

Man erreicht Treis im Südwesten. Wir gehen einfach immer geradeaus – bis zur **Treis-Kardener Moselbrücke,** dem Ausgangspunkt der Wanderung (5 Std.).

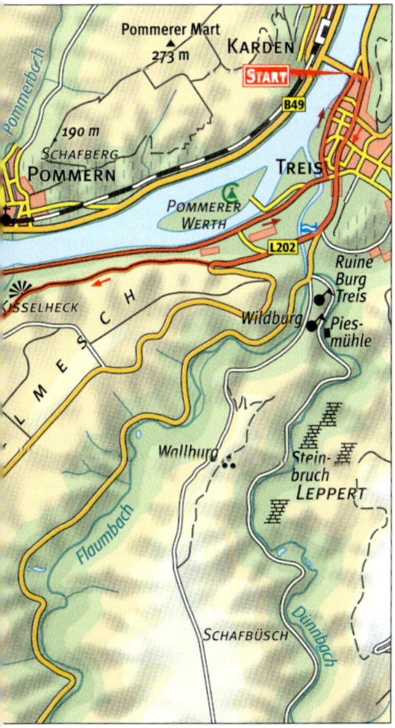

Der Moselhöhenweg

Der deutsche Moselabschnitt wird auf beiden Seiten, in den Ausläufern der Eifel und des Hunsrucks, von je einem Höhenweg begleitet. Diese Fernwanderwege, die mit einem M markiert sind, verlaufen meist oberhalb des Moseltals, es gibt aber auch längere Abschnitte direkt am Fluss sowie tief im Hinterland. Letztere dienen z. T. dazu, Schleifen abzukürzen.

Der linke Moselhöhenweg führt von Koblenz über Cochem, Ürzig und Klüsserath bis Igel bei Trier und ist 165 km lang. Er kann in Luxemburg bis auf die Höhe von Schengen/Perl fortgesetzt werden. Der rechte Moselhöhenweg führt 225 km weit von Koblenz über Treis, Zell, Bernkastel und Trier bis Perl im deutsch-französisch-luxemburgischen Grenzdreieck. Beide Routen lassen sich zu einer abwechslungsreichen 14-tägigen Rundwanderung kombinieren. An vielen Stellen zweigen Verbindungswege (Markierung: MV) in nahe gelegene Moseldörfer ab.

Tour 10

Hinterland der Terrassenmosel

Rund um Pommern

Die Tour stößt durch das beschauliche Tal des Pommerbaches in das Eifeler Hinterland der Terrassenmosel vor. Es schließt sich ein Stück Hochflur um das Dorf Kail an. Die Wanderung endet mit einem langen Abschnitt im Moseltal.

DIE WANDERUNG IN KÜRZE

+ Anspruch

3.45 Std. Gehzeit

16 km Länge

Charakter: Außer dem leichten Aufstieg von der Pommernmühle in die Flur von Kail gibt es keine nennenswerte Steigung.

Wanderkarte: TK 1:25 000 Ferienland Cochem, Hg. Landesvermessungsamt Rheinland-Pfalz

Einkehrmöglichkeiten: Pommern

Anfahrt: mit dem Auto: auf der B 416 von Koblenz nach Pommern; **mit öffentlichen Verkehrsmitteln:** von Koblenz Hbf. mit der Regionalbahn nach Pommern

Achtung: Der Abschnitt durch das Tal des Fellerbaches sollte nur bei trockenem Wetter begangen werden. An anderen Tagen empfiehlt es sich, von Kail auf der verkehrsarmen L 107 nach Pommern hinunterzuwandern.

Pommern (600 Einw.), Winzerdorf am mit etwa 6 km längsten Südhang der Mosel, besitzt schöne alte Fachwerk- und Bruchsteinhäuser. Die Pfarrkirche St. Stephanus mit frühgotischem Westturm besitzt einen romanischen Marmortaufstein, die Holzausstattung stammt aus dem 18. Jh. Das Pfarrhaus ist das älteste im Bistum Trier und gilt auch als eines der schönsten.

Wir beginnen die Rundwanderung an der **Ecke Hauptstraße/Spillesgasse.** Es geht via Spillesgasse, Lindenstraße, Bachstraße am **Pommerbach** aufwärts. Hinter dem Ortsrand beginnt schottriger Weg. Man hält sich auf den folgenden 7 km, d. h. bis zur Pommernmühle, immer in der Nähe des Baches, den man etliche Male überquert. Die Route, die nur ganz leicht steigt, ist durch ein P markiert. Das Pommerbachtal ist bewaldet, am üppig bewachsenen Ufer sind u. a. Ulmen, Eschen, Haseln zu finden.

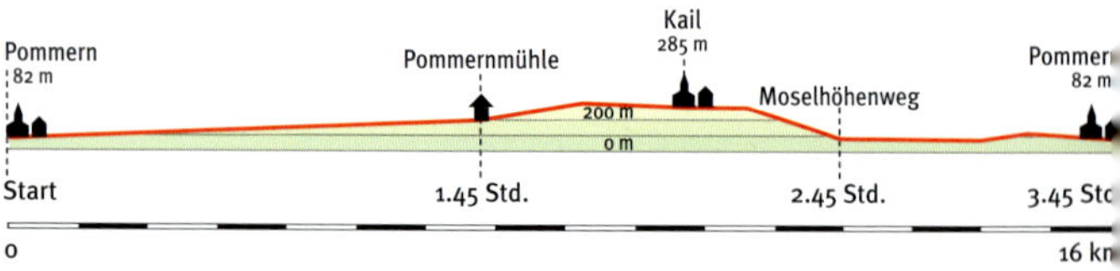

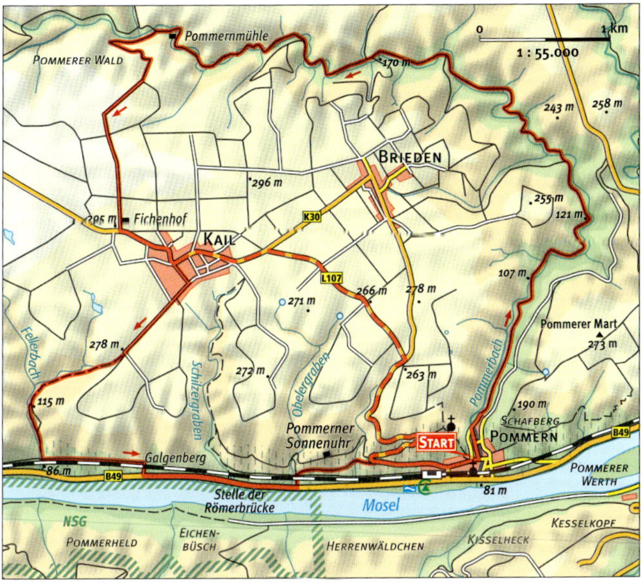

Nach ca. 3 km führt der Pommerbachwanderweg – hier ein breiter Weg – etwas vom Bach weg und aufwärts. Aber schon bald darauf muss man rechts in einen Pfad. **Achtung:** Diese Stelle ist trotz Markierung leicht zu übersehen! Danach geht es wieder zum Bach hinunter. Der Wanderpfad mündet nach etwa 6 km schließlich auf Höhe einer **Steinbrücke** (1.15 Std.) in einen breiten Weg. Wir halten uns rechts. Danach geht es durch eine Reihe kleiner Wiesen in kurzen Abständen häufig auf Holzstegen über den Bach.

Schließlich taucht die **Pommernmühle** (1.45 Std.) auf, die heute nur noch Wohnzwecken dient. Man quert den Bach. Kurz hinter der Mühle halten wir uns an der Verzweigung links. Es geht nun in einer langen Kehre bergauf. Alle Abzweigungen werden ignoriert. Auf der Höhe tritt man in die ausgedehnte Flur von Kail ein. Links sind Brieden und Kail zu sehen. Wenn man zurückschaut, erblickt man jenseits des Pommerbachtals auf einer Hochfläche Binningen.

Wir biegen hinter dem Eichenhof in die nach **Kail** hinunterführende Landstraße ein. Die Hauptstraße führt uns durch das ausgesprochen bescheiden wirkende kleine Dorf abwärts. Wo sie sich Richtung Brieden nach links wendet, gehen wir geradeaus weiter abwärts (2.15 Std.).

Variante: Da sich der Weg durch das Tal des Fellerbachs nur an trockenen Tagen empfiehlt, sollte man bei feuchter Witterung in Kail Richtung Brieden gehen und dann auf der L 107 nach Pommern zurückkehren.

An der folgenden Verzweigung biegen wir nach rechts ab. Durch die Flur wandern wir an einem Gehöft vorbei zum Wald hinüber, in den wir rechts hineingehen. Nun beginnt der

Abstieg zum Moseltal. Der Erdweg verläuft immer ein wenig oberhalb von Bächen. Teilweise ist er mit Brennnesseln oder Brombeersträuchern fast zugewachsen. Auf den letzten 100 m muss man auf Steinen durch das Bett des Fellerbaches. Das geht nur, wenn der Wasserstand normal ist.

Wir treffen vor den Bahngleisen auf den **Moselhöhenweg** (2.45 Std.), dem wir nun nach links bis zum Zielort Pommern folgen. Es geht zuerst auf einem Weg unterhalb eines Weinberges entlang. Danach müssen wir für ca. 1,5 km auf den Randstreifen der B 49. Zum Abschluss gibt es dann sogar noch einen richtigen Aufstieg in den Weinbergen, dabei ist auch die exotisch wirkende **Pommerner Sonnenuhr** zu sehen.

Schließlich steigen wir ab und treffen am Ortsrand von Pommern auf die Zehnthofstraße, die Hauptstraße. Man kommt noch durch das historische Ortszentrum, bevor der Ausgangspunkt **Ecke Hauptstraße/ Spillesgasse** (3.45 Std.) erreicht ist.

Renaissance des Weinbaus an der Terrassenmosel

Die Hänge der Untermosel sind vielerorts so steil, dass erst durch die Anlage von Terrassen Weinbau ermöglicht wurde. Aber auch dann blieb die Arbeit schwer und zudem nicht ganz ungefährlich. Ferner lassen sich auf diesen kargen Böden nur geringe Erträge erzielen. Einzig die Tatsache, dass hier Weine von besonderer Qualität gedeihen, verleitete die Winzer von der Untermosel, diese mühselige Arbeit auf sich zu nehmen.

Seit den 1960er Jahren war diese Schinderei für die Winzersöhne dank der günstigen wirtschaftlichen Entwicklung und der damit einhergehenden guten Verdienstmöglichkeiten in Industrie und Verwaltung nicht mehr attraktiv. Spätestens wenn die Eltern ins Rentenalter kamen, wurden die Terrassen aufgegeben. Viele Trockenmauern stürzten ein, die Rebflächen wurden von Büschen und Sträuchern erobert. Die Kulturlandschaft des Terrassenweinbaus an der Untermosel schien dem Untergang geweiht.

Seit etwa zehn Jahren lässt sich nun eine Trendumkehr beobachten. Das geschah freilich nicht aus Idealismus. Dazu bedurfte es erheblicher Fördermaßnahmen für den Steillagenweinbau durch das Land Rheinland-Pfalz. So wurden für Lagen, die nur von Hand bewirtschaftet werden können, 5000 DM/ha Beihilfe pro Jahr gezahlt. Ferner wurden 80 % der Kosten für die Wiederherstellung von Trockenmauern und die Anlage von Transportbahnen übernommen. Einen erheblichen Beitrag zur Renaissance des Weinbaus an der Terrassenmosel leisten nicht zuletzt auch die zahlreichen niedrig entlohnten polnischen Aushilfskräfte, ohne die die Weinlese kaum noch denkbar ist.

Es klappert die Mühle ...

Durch das Enderttal zum Kloster Maria Martental

Die erste Hälfte der Tour führt, vorbei an ehemaligen Mühlen, 9 km im Tal der wilden Endert aufwärts. Ziel ist die Wallfahrtskirche Maria Martental. Auf dem Rückweg kann man zunächst lange auf der Hochfläche kräftig in Wald und Flur ausschreiten, bis es wieder in das enge Enderttal hinabgeht.

DIE WANDERUNG IN KÜRZE

+++ Anspruch

6.30 Std. Gehzeit

24 km Länge

Charakter: Es gibt zwar nur eine »echte« Steigung, aber die Tour ist sehr lang.

Wanderkarte: TK 1:25 000 Ferienland Cochem, Hg. Landesvermessungsamt Rheinland-Pfalz

Einkehrmöglichkeiten: Cochem, Hotel Winneburg, Weißmühle, Göbelsmühle, Browelsmühle, Pilgergasthaus an der Martentaler Kirche, Greimersburg

Anfahrt: mit dem Auto: auf der B 416/B 49 oder A 48 (Ausfahrt Kaisersesch) von Koblenz nach Cochem; **mit öffentlichen Verkehrsmitteln:** von Koblenz Hbf. mit dem Interregio oder dem Regionalexpress nach Cochem

Die Kleinstadt **Cochem** (6300 Einw.) ist neben Traben-Trarbach und Bernkastel-Kues der am stärksten besuchte Fremdenverkehrsort an der Mittelmosel. In den Sommer- und Herbstmonaten herrscht dichtes Gedränge auf dem von schönen Fachwerkhäusern umgebenen Marktplatz mit dem Rathaus von 1737.

Wir starten auf dem **Endertplatz** an der alten Cochemer **Moselbrücke.** Es geht auf der L 98 Richtung Landkern/Kaisersesch in das Enderttal. Gegenüber der Talstation der Sesselbahn begibt man sich links in einen Wanderpfad (Schild: u. a. »Enderttal«). Es geht zunächst kurz steil bergauf, dann verläuft die Route ca. 1 km Höhe haltend oberhalb des Tals. Die Überquerung einer Straße erfordert einen kurzen Ab- und Wiederaufstieg, dann verläuft die Route wieder für ca. 1 km auf der Höhe. Danach steigen wir erneut ab. Im Tal wendet man sich vor dem **Hotel Winneburg** (30 Min.) nach links. Wir befinden uns nun direkt an der **Endert.** Auf den nächsten 9 km, bis ca. 1 km vor der Kirche Maria Martental, wandert man dann an diesem wildromantischen Bach entlang, der von dichtem Wald mit viel Totholz umgeben ist. Man folgt immer einem Pfeil (<).

Zunächst – noch auf einem Teersträßchen – passieren wir den idyllisch gelegenen Campingplatz Winneburg, kurz danach sind wir an der

Martentaler Kirche
Kloster Maria Martental
Wf.
Jorscheid
L100
Greimersburger
410 m
449 m
Endertbach
388 m
434 m
Maxmehrmühle
Kaushöfe
Soelheck
424 m
392 m
Browelsmühle
413 m
Büchelermühle
Gauchkaul
429 m
Göbelsmühle
Ostermühle
Thönnesgensmühle
402 m
477 m
Schneidersmühle
442 m
Endertbach
Büchel
B259
Sarburg
Weißmühle
Gevenich
Faid
0
500 m
1 : 45.000

Weißmühle, heute Hotel und Restaurant der mittleren Preisklasse. Danach geht es auf Waldweg weiter.

Es dauert nun eine gute halbe Stunde, bis man den ehemaligen Mühlensektor des Enderttales erreicht, den spektakulärsten Abschnitt der Tour: Hier gibt es zahlreiche Felsen in und am Bach sowie viel Totholz. In relativ kurzen Abständen folgen aufeinander die **Schneidersmühle** (Fachwerk, restauriert, bewohnt), die **Tönnesgensmühle** (in schlechtem Zustand), die **Ostersmühle** (bewohnt), die **Göbelsmühle** (Lokal geöffnet Mai–Okt., Fr geschlossen), die **Büchelermühle** und die **Browelsmühle** (Lokal geöffnet Mai–Okt, tgl.). Wie in anderen Seitentälern der Mosel stehen auch hier die Räder still. Die Göbelsmühle und die Browelsmühle bieten Wanderern mit ihren gemütlichen Biergärten Gelegenheit zur Rast.

Hinter der Browelsmühle geht es noch über ein halbe Stunde im Enderttal aufwärts. Schließlich zweigt hinter dem kleinen **Rausch Wasserfall** rechts der Weg nach Maria Martental ab (Schild: »Martental«). Es geht über die Endert. An der nächsten Gabel halten wir uns links. Auf dem letzten Abschnitt vor der **Wallfahrtskirche Maria Martental** passieren wir die Stationen eines Kreuzweges. Es geht stark bergan. Die Route führt links an der Kirche entlang und mündet zwischen Kirche und **Pilgergaststätte** (geöffnet Sa–Do 11–17 Uhr) in die Straße nach Scheid (3 Std.).

Auf dieser steigen wir nun am Rande ausgedehnter Weiden auf. Bald darauf kommt man am **Kloster Maria Martental** vorbei. Wenig später befinden wir uns unterhalb des kleinen Weilers Jorscheid. Man geht nun gut 100 m auf der Straße nach

Kaisersesch (L 100). Dann biegen wir nach rechts in den Weg ein, der zwischen den beiden Höfen hindurchführt. Kurz dahinter geht es vor der Koppel nach rechts und an der bald folgenden Kreuzung nach links – konkaver Bogen, abwärts in den Wald, nächste Abzweigung rechts, weiter abwärts – durch einen kurzen Anstieg unterbrochen. An der Verzweigung auf der Waldwiese halten wir uns rechts (Blick auf Halle). Der breite Weg führt dann an einer Halle vorbei. An der Einmündung dahinter wenden wir uns sodann nach links und steigen am Waldrand auf – immer geradeaus.

Auf der Höhe trifft der Weg zwischen Kiefern, Fichten und Lärchen auf ein Teersträßchen. Dort wenden wir uns nach rechts (Schild: »Greimersburg«, Markierung: 7). Es geht nun bergab (ca. 1 km), bald danach treten wir in die ausgedehnte Flur von Greimersburg ein. Der Weg zu diesem großen Dorf erfordert zwischenzeitlich noch einen langen Anstieg. Auf der Höhe besteht ein weiter Blick, auch das Moseltal ist auszumachen. Anschließend geht es immer bergab bis **Greimersburg** (5.15 Std.). Der Ort wird auf der Hauptstraße durchquert. Es geht immer abwärts, Richtung Cochem. Kurz vor dem Ortsende biegen wir rechts Richtung Schutzhütte (Schild) ab.

Der asphaltierte landwirtschaftliche Nutzweg führt durch Flur hinab. Ca. 1 km hinter Greimersburg halten wir uns an der Wegespinne in der Linkskurve geradeaus (Schild: »Schutzhütte, Enderttal«). Direkt am Wald biegt man nach rechts ab (Markierung: 8). Die Route führt auf einem Feldweg am Wald entlang. Nach 150 m geht es auf der Kreuzung nach links – weiter am Wald entlang, rechts Stromleitung. Es folgt bald eine Gabel, auf der wir uns links halten (Markierung: 8).

Es geht nun in den Wald, in dem man bis ins Enderttal bleibt. Die Orientierung ist recht einfach, wir folgen immer der »8«. Zunächst geht es ein Stück auf einem Pfad steil bergab. An Sitzbänken besteht eine hervorragende Aussicht auf das Enderttal. Es folgt dann eine Passage, die weitgehend flach ist, bevor der steile Abstieg (ca. 1 km, schmaler Pfad) ins **Enderttal** einsetzt. Unten folgen wir ca. 200 m der Straße nach Cochem.

Direkt hinter dem **Hotel Winneburg** (6 Std.) gehen wir rechts in den Wanderweg nach Cochem, der noch vom Hinweg in Erinnerung ist. Nach ca. 24 km Rundwanderung erreichen wir wieder die alte **Cochemer Moselbrücke** (6.30 Std.).

Wallfahrtskirche Maria Martental

Der Wallfahrtsort Maria Martental wurde im 12. Jh. von Springiersbach zunächst als Männerkloster gegründet. Später etablierte sich hier ein Frauenkloster, das in der Reforma-

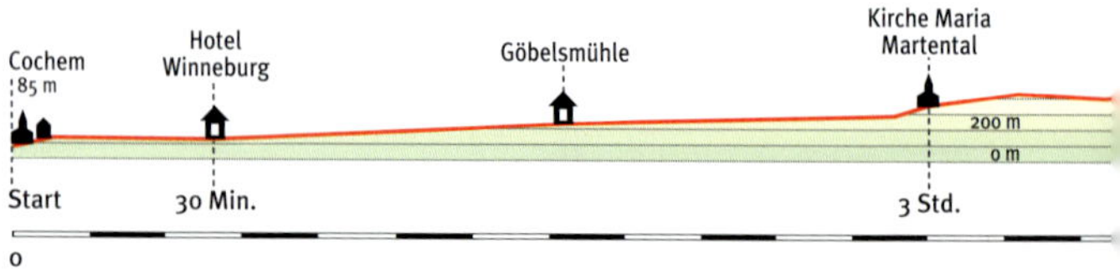

Die Historienwand an der Cochemer Moselbrücke zeigt Aspekte der Stadtgeschichte

tionszeit aufgelöst wurde. Es kamen aber weiterhin Wallfahrer, die nun bis 1808 von Einsiedlern betreut wurden. Danach war die Pilgerstätte bis 1909 dem Verfall preisgegeben, d. h. bis Josef Tillmans mit seinen Brüdern von der »Gesellschaft für die göttliche Liebe« hier einzog und für einen Neuanfang sorgte. Nach seinem Tod folgten im Jahre 1918 die »Herz-Jesu-Priester«. Unter ihrer Regie wurde 1935 eine neue, ausgesprochen modern aussehende Wallfahrtskirche erbaut, die 1973/74 eine Erweiterung erfuhr. Die Umfunktionierung zur Pfarrkirche für Leienkaul/Martental am 17. April 1941 sollte kurz darauf den Zugriff der Nazis blockieren, es konnte jedoch nicht verhindern werden, dass das Kloster beschlagnahmt und als Propagandastätte missbraucht wurde.

Die Kirche erfüllt heute eine Doppelfunktion als Pfarr- und Wallfahrtskirche. In den 1970er Jahren wurde sie um einen Pilgerkomplex erweitert. Das Klostergebäude dagegen ist heute eine Stätte der Jugendbildung und -freizeit.

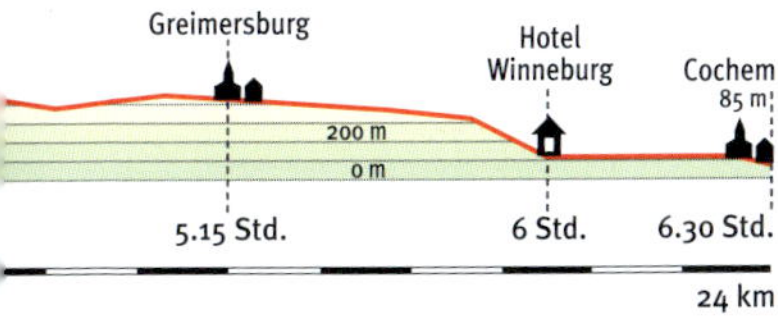

Tour 12

Im Cochemer Krampen unterwegs

Von Cochem nach Bruttig-Fankel

Die weite Flussschleife Cochemer Krampen wird auf dem Hinweg von unten und auf dem Rückweg von oben erkundet. Man wandert am Fluss, durch Weinberge und Wald. Mehrere spektakuläre Aussichten auf die Mosel erhöhen den Reiz der Tour.

DIE WANDERUNG IN KÜRZE

+ Anspruch

3.45 Std. Gehzeit

15 km Länge

Charakter: Lediglich ein – freilich langer – Anstieg ist zu bewältigen. Geht man alle Abstecher, so wird die Wanderung auf Grund der Länge mittelschwer.

Wanderkarte: TK 1:25 000 Ferienland Cochem, Hg. Landesvermessungsamt Rheinland-Pfalz

Einkehrmöglichkeiten: Cochem, Sehl, Bruttig, Valwigerberg, Cond

Anfahrt: mit dem Auto: auf der B 416/B 49 oder A 48 (Ausfahrt Kaisersesch) von Koblenz nach Cochem; **mit öffentlichen Verkehrsmitteln:** von Koblenz Hbf. mit dem Interregio oder Regionalexpress nach Cochem

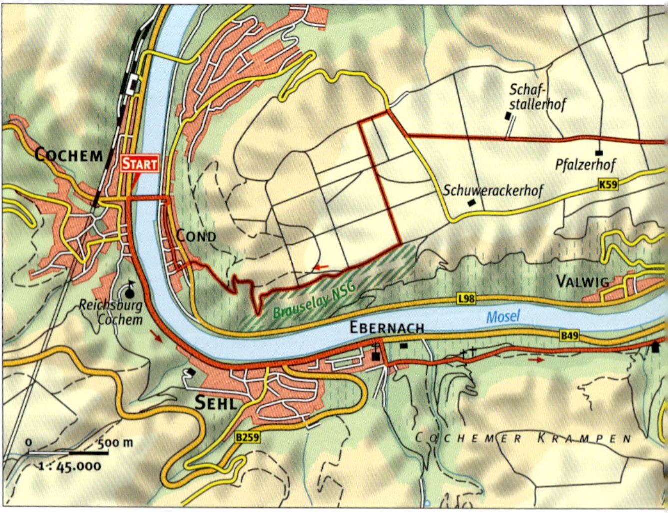

Wir beginnen an der alten **Cochemer Moselbrücke.** Es geht auf Bürgersteig moselaufwärts. Im Blick hat man rechts die Uferfront von Cochem, links die Mosel und am anderen Ufer Cochem-Cond. Oberhalb dieses 1932 eingemeindeten Dorfes erstreckt sich der Rebhang. Hinter Cochem teilt man dann mit den Radfahrern den schmalen Weg am Fluss.

Fast übergangslos folgt das ebenfalls zur Verbandsgemeinde gehörige **Sehl.** Gegenüber schauen wir auf die steilen Felsen der Brauselay, die wegen ihrer mediterranen Flora unter Naturschutz steht. Am Ortsende direkt hinter dem großen Komplex von **Kloster Ebernach** biegen wir rechts in ein Sträßchen ein, das zum Hang hinauf führt. Kurz hinter dem Eingang zum Kloster wendet man sich sodann nach links. Das Sträßchen passiert die beschützende Werkstatt der von Franziskanern geführten Behinderteneinrichtung.

Vor dem **Friedhof** (30 Min.) steigen wir nach rechts auf. In der Folgezeit geht es bis zur Schutzhütte von Ernst ständig leicht aufwärts, wir bewegen uns zwischen Weinbergen und Waldrand. Man hat nun einen schönen Blick auf Valwig. Es geht schließlich durch die bekannte Weinlage »Ernster Goldbäumchen« nach **Ernst** (640 Einw.) hinunter. Am Ortsrand biegt man nach rechts ab (1.15 Std.). Wir passieren den Sportplatz. Danach geht es zur Moselbrücke hinunter. Am anderen Ufer lassen wir **Bruttig-Fankel,** das freilich einen Abstecher wert ist, rechts liegen und gehen links in einen Weg, von dem wir schon nach wenigen Metern rechts in einen Pfad abzweigen (1.30 Std.).

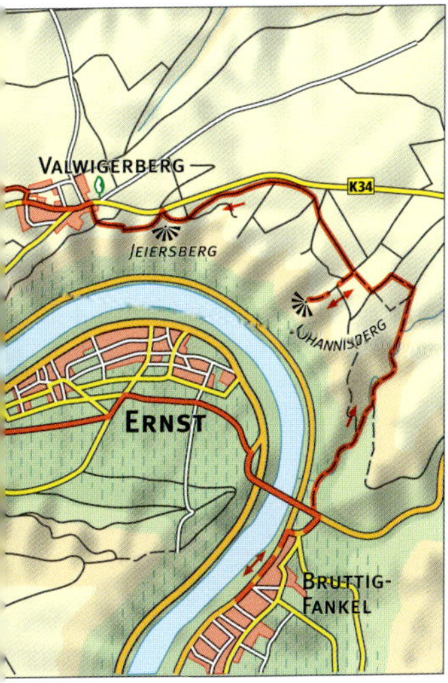

Nun beginnt ein langer Aufstieg. Die Route führt immer am Bach entlang. Nach einem kurzen Stück am Weinbergrand taucht man in Wald ein. Der Aufstieg ist abschnittsweise richtig steil. Nach gut 1 km biegt man oberhalb mehrerer Holzbrückchen nach links ab. Es geht noch ein Stück aufwärts, danach hält der Weg die Höhe. Er mündet schließlich in den **Moselhöhenweg** (M). Es lohnt sich, links einen kurzen Abstecher zur nahe gelegenen Aussichtsplattform »Moselblick« hinzuzufügen, wo man einen wunderbaren Blick auf das Moseltal von Bruttig-Fankel bis Ernst hat.

Wir folgen nun dem sorgfältig markierten Moselhöhenweg (M) bis Valwigerberg. Nachdem man im Bereich der K 34 ein Stück an einer Lichtung entlanggegangen ist, landet man wieder im Wald. Die Route führt an einem Aussichtspunkt vorbei, wo das Moseltal zwischen Valwig und Cochem zu sehen ist. Dahinter verläuft sie ein kurzes Stück auf dem naturkundlichen Apollorundweg. Der Moselhöhenweg tritt am Sportplatz der Gemeinde **Valwigerberg** aus dem Wald heraus (2.30

Blick auf Bruttig-Fankel

Std.). Rechts sieht man eine uralte Eiche. Es geht links in die Hauptstraße und geradeaus durch das kleine Höhendorf.

Am Ortsrand wenden wir uns nach rechts und an der folgenden Verzweigung nach links. Dann durchqueren wir – immer geradeaus – auf einem landwirtschaftlichen Nutzweg die Flur. Nach ca. 2 km geht es dann rechts in die K 59 nach Cochem-Cond, allerdings nur bis zur nächsten Abzweigung. Dort begibt man sich links auf einem breiten Weg in den Wald. Auch auf diesem bleiben wir lediglich ein kurzes Stück und gehen dann wieder nach links. Dieser Weg mündet seinerseits nach 800 m in den **Moselhöhenweg** (3.15 Std.). Wir biegen rechts ein und folgen Letzterem nun bis Cochem-Cond.

Er hält sich noch eine Weile auf der bewaldeten Höhe, bevor der steile Abstieg in das Moseltal einsetzt. Noch weit oben kommt man an dem steil abfallenden Felsen Brauselay (spektakuläre Aussicht auf das Moseltal) vorbei, Lebensraum von Apollofaltern und Smaragdeidechsen. Dann geht es durch die Conder Weinberge (abschnittsweise Kreuzweg) abwärts. Wir durchqueren **Cond** via Talstraße und Zehnthausstraße. Letztere bringt uns direkt zur Moselbrücke. Der Ausgangspunkt **Endertplatz in Cochem** ist zum Greifen nahe (3.45 Std.).

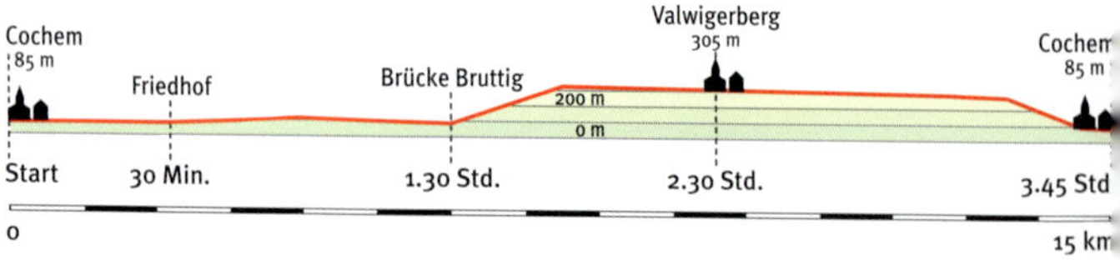

Über dem Kaiser-Wilhelm-Tunnel

Durch Brochemer Tal und Ellerbachtal nach Ediger-Eller

Die Route führt zweimal über die Höhen des Cochemer Krampens. Wild und naturwüchsig sind die engen Täler von Brochemer- und Ellerbach, schön anzusehen die alten Fachwerkhäuser in Ediger-Eller.

DIE WANDERUNG IN KÜRZE

++ Anspruch

5 Std. Gehzeit

20 km Länge

Charakter: Zwei steile Anstiege und zwei steile Abstiege sind zu bewältigen.

Wanderkarte: TK 1:25 000 Ferienland Cochem, Hg. Landesvermessungsamt Rheinland-Pfalz

Einkehrmöglichkeiten: Cochem, Reichsburg, Ediger-Eller

Anfahrt: mit dem Auto: auf der B 416/B 49 oder A 48 (Ausfahrt Kaisersesch) von Koblenz nach Cochem; **mit öffentlichen Verkehrsmitteln:** von Koblenz Hbf. mit dem Interregio oder dem Regionalexpress nach Cochem

Wir starten am **Endertplatz** an der alten **Cochemer Moselbrücke.** Es geht via Bernstraße und Rathausplatz, die stark von Touristen bevölkert sind, geradewegs in die Herrenstraße. Dort biegen wir rechts ab und steigen auf der Schlossstraße steil Richtung Burg auf (Schild). Nach ca. 500 m machen wir links einen Abstecher zur nahe gelegenen **Reichsburg** (15 Min.).

Man kehrt dann wieder zur Kreuzung zurück und setzt den Aufstieg links einbiegend fort. 200 m weiter wenden wir uns erneut nach links (Markierung: M). Es geht weiter aufwärts. Unsere Route verläuft nun lange Zeit auf dem Moselhöhenweg. Zunächst führt sie oberhalb der Reichsburg entlang. Es geht dann in den Wald. Bald darauf kann man linker Hand den kurzen Abstecher zu einem Panoramablick unternehmen (ausgeschildert).

Die Route führt weiter bergauf. Man lässt die Abzweigung des Wanderweges Nr. 3 rechts liegen. Es kommt dann ein flaches Stück, wo der Wald offen ist. Hier hat man einen schönen Blick auf das Moseltal um Sehl und Valwig. Dann geht es leicht abwärts bis man rechts abbiegt (Schild: »Moselhöhenweg«) und zur gut 400 m entfernten **B 259** Sehl–Faid aufsteigt. Dort halten wir uns rechts. Man bleibt nur 30 m auf der nicht allzu stark frequentierten Bundesstraße und folgt dann dem Moselhöhenweg (M) links auf einen Waldweg. Direkt dahinter lässt man die Abzweigung rechts liegen, an der gleich folgenden Verzweigung geht es nach links aufwärts (M). Wir befinden uns auf einem breiten Weg.

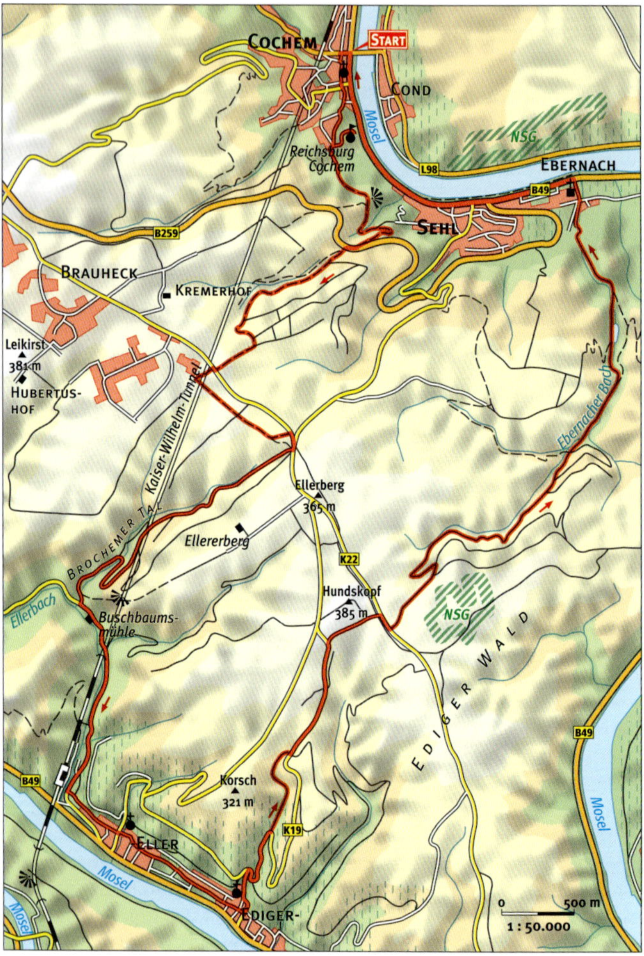

Alle Abzweigungen werden ignoriert, bis wir uns fast auf der Höhe an einer T-förmigen Einmündung in einen Weg nach rechts wenden (M).

Es geht dann auf Hochfläche am Rande der Ackerflur zur 300 m entfernten Straße nach Brauheck hinüber. Man biegt rechts ein und schon

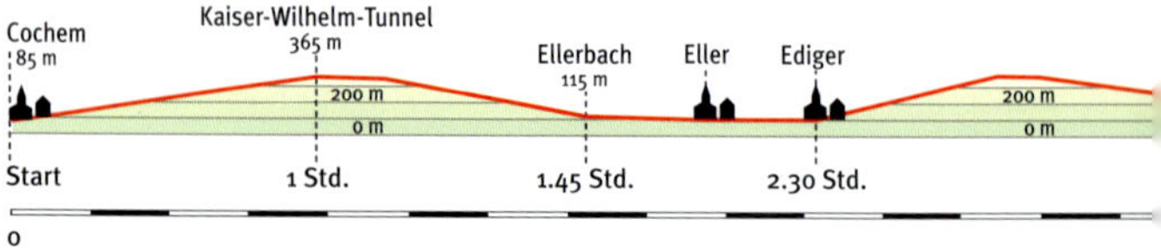

nach 20 m wieder links ab. Der Moselhöhenweg überquert nun im Verlauf der nächsten 200 m den berühmten **Kaiser-Wilhelm-Tunnel** (eröffnet 1877), der die Strecke Cochem–Bullay um 18 km verkürzt. Mit 4,25 km Länge war er über 100 Jahre lang Deutschlands längster Eisenbahntunnel. Erst in den 1980er Jahren wurde der Rekord von einigen Tunnels auf den neuen Hochgeschwindigkeitsstrecken abgelöst.

Dann geht es links ab (1 Std.) und auf einem Erdweg quer durch Getreidefelder. Danach verläuft die Route ganz kurz nach rechts auf der Landstraße Richtung Ediger-Eller, bevor wir rechts in den Moselhöhenweg (markiert) hineingehen (Achtung: nicht in den linken Weg, den Wanderweg 6!). Nun geht es auf einem stellenweise stark überwachsenen Erdweg in dem sehr engen, dicht bewaldeten **Brochemer Tal** abwärts. Schon weit unten passieren wir geradeaus die Abzweigung zu einem Aussichtspunkt. In diesem Bereich führt die Route erneut über den Kaiser-Wilhelm-Tunnel.

Bald darauf mündet unser Wanderweg in das **Tal des Ellerbaches** (1.45 Std.), der viel breiter ist als das Rinnsal Brochemerbach und auch im Gegensatz zu Letzterem von typischem Bachgehölz umgeben ist. In der üppigen Vegetation entdeckt man u. a.: Faulbaum, Feldmispel, Tollkirsche, Sauerdorn, Schneeball, Einbeere, roten und gelben Fingerhut. Mit etwas Glück ist an warmen Sommertagen sogar der seltene Apollofalter zu sehen. Auch im Ellerbachtal waren früher Mühlen angesiedelt. In kurfürstlicher Zeit wurde hier sogar Gold gesucht. Im Bereich der Mündung befand sich eine Goldwäsche.

Es geht nun bis Eller auf breitem Schotterweg an diesem quirligen Gewässer abwärts. Kurz vor dem Ort ist rechter Hand der Eingang des Kaiser-Wilhelm-Tunnels zu sehen. Der letzte Abschnitt führt an Weinbergen entlang.

Wir wandern auf dem Michael-Wingert-Weg nach **Eller** (mit Ediger 1230 Einw.) hinein, machen mit diesem Weg eine Linkskurve und durchqueren den Ort – mit schönen Fachwerkhäusern aus dem 16. und 17. Jh. und der Pfarrkirche aus dem 12. Jh. – ziemlich geradeaus via Jakobstraße und Brunnenstraße. Im Übergang zwischen den letztgenannten Straßen kommt man ganz dicht an der Pfarrkirche vorbei (2.15 Std.), eine der ältesten Landkirchen des Bistums Trier. Am Ende des Ortsteiles Eller geht es geradeaus zum Ortsteil Ediger hinüber. Beide Dörfer sind mittlerweile fast zusammengewachsen. Links sind Weinberge, rechts ziehen sich Gärten hin.

In **Ediger** setzen wir die Tour auf der Paulusstraße fort. Auf der Höhe der Kirchstraße biegen wir links ab und steigen auf der Bergstraße (K 19) in Richtung der Weinberge auf. Empfehlenswert ist allerdings, zuvor noch einen Blick in die benachbarte Hochstraße zu werfen, wo prächtige alte Fachwerkbauten stehen.

Kurz darauf kommt man an der Pfarrkirche vorbei (2.30 Std.), bald darauf bewegen wir uns mitten in den Weinbergen weiter steil bergauf. Ca. 800 m nach der Abzweigung verlassen wir in einer Rechtskurve die wenig befahrene Straße (K 19) und

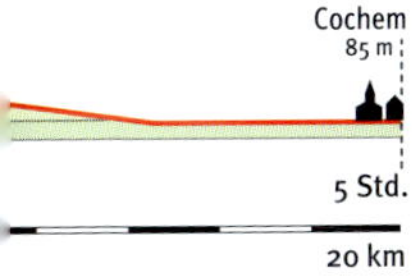

setzen den Aufstieg vorübergehend auf einem Erdweg fort. Wir befinden uns auf einem Kreuzweg, es geht an Obstgärten und aufgegebenen Wingerten entlang. Nach ca. 700 m kehren wir hinter Fichten und Kiefern wieder auf die K 19 zurück, auf der dann die letzten 800 m bis auf die Höhe zurückgelegt werden (3.15 Std.).

Beim Eintritt in die Flur begeben wir uns rechts in ein Asphaltsträßchen, das Richtung Poltersdorf ausgeschildert ist. Wir wandern nun auf der Eifelhochfläche durch Getreidefelder. Es besteht rechts ein weiter Ausblick in den benachbarten Hunsrück. Nach 400 m sind wir wieder auf Landstraße, nun der K 22 nach Senhals (rechts). Wir bleiben nur kurz auf diesem ruhigen Verkehrsweg und gehen dann links auf einen Feldweg (9, Schild: »Poltersdorf«). Dieser führt noch ca. 500 m am Rand der Flur entlang, bevor wir schließlich nach links abbiegen und uns für längere Zeit in Wald begeben. In zwei Kehren führt der Wanderweg Nr. 9 zum **Ebernacher Bach** hinunter. Danach gehen wir bis Kloster Ebernach stets in diesem schmalen Tal abwärts. Weit unten ist der Bach zu einem kleinen See aufgestaut. Kurz dahinter verlassen wir den Wald, passieren den ausgedehnten Komplex des Klosters und erreichen das **Moselufer** (4.30 Std.).

Anschließend wandern wir auf dem Radweg neben der stark befahrenen B 49 flussabwärts. Zunächst hat man rechts die steilen Felsen der Brauselay und links den großen Ort **Sehl** zur Seite. Dann taucht hoch oben links die Reichsburg auf. Schließlich kommen Cochem und Cond in Sicht. Auf dem letzten Kilometer vor dem Ziel Endertplatz/Moselbrücke geht man auf Bürgersteig. Der Weg führt an zahlreichen Ausflugslokalen vorbei. Kurz vor der **Brücke** tummeln sich die Ausflugsschiffe an der populären Anlegestelle **Cochem** (5 Std.).

Die Reichsburg

Hoch über Cochem thront die mächtige Reichsburg, die erstmals im Jahr 1051 urkundlich erwähnt wird. Ab 1151 gehört sie dem Reich, doch 1294 sieht sich der stark verschuldete König Adolf von Nassau genötigt, das Gemäuer samt 50 abgabepflichtigen Dörfern an den Kurfürsten von Trier zu verpfänden. Da das Reich nicht daran dachte, das Pfand einzulösen, wurde Cochem alsbald fester territorialer Bestandteil des Kurfürstentums Trier. Die Burg wurde zum Verwaltungssitz erhoben und ausgebaut, der Ort zu ihren Füßen mit einer Schutzmauer umgeben. Über den Fluss spannte man eine Kette, um von den Schiffern Zoll zu kassieren.

Die Reichsburg konnte zwar den Dreißigjährigen Krieg (1618–48) unbeschadet überstehen, aber 1689 den Truppen des Sonnenkönigs kein Paroli bieten. Es sollte fast 200 Jahre dauern, bis sich ein reicher Berliner Kaufmann namens Jakob Louis Ravené seinen Traum von der romantischen Moselburg erfüllte und das mittelalterliche Bauwerk aus dem von Bäumen und Sträuchern überwucherten Trümmerhaufen wieder erstehen ließ. Modell stand dabei ein Stich von der Reichsburg aus dem Jahre 1576. Öffnungszeiten: 15. März–15. Nov. tgl. 9–17 Uhr.

Reichsburg Cochem

Waldreiches Flaumbachtal

Von Bruttig-Fankel zum Kloster Maria Engelport

Vom Moseltal führt diese Wanderung über bewaldete Hunsrückhöhen in das idyllische Flaumbachtal, in dem das altehrwürdige Kloster Maria Engelport und die liebevoll restaurierte Pulgermühle stehen.

DIE WANDERUNG IN KÜRZE

+ Anspruch

3.45 Std. Gehzeit

15 km Länge

Charakter: Die beiden jeweils kontinuierlichen, nicht übermäßig steilen An- und Abstiege können gut verkraftet werden; auch die Streckenlänge ist ohne außergewöhnliche Anstrengungen zu meistern.

Wanderkarte: TK 1:25 000 Ferienland Cochem, Hg. Landesvermessungsamt Rheinland-Pfalz

Einkehrmöglichkeiten: Bruttig-Fankel, Pulgermühle

Anfahrt: mit dem Auto: auf der B 49 von Cochem/Koblenz (via Ernst) nach Bruttig-Fankel; **mit öffentlichen Verkehrsmitteln:** vom Busbahnhof Cochem, Endertplatz, Buslinie 8060 nach Bruttig

Beide Ortsteile der Doppelgemeinde **Bruttig-Fankel** (1220 Einw.) sind reich an sehenswerten Bauwerken wie das Rathaus in Fankel (einstiges Zehnthaus, 14. Jh.) sowie die spätklassizistische Kirche (1848, aber gotischer Kirchturm) und das Schunk'sche Haus in Bruttig (1659, Voluten-Zwerchgiebel, schönstes Renaissance-Wohnhaus an der Mosel).

Wir beginnen die Rundwanderung am **alten Rathaus von Bruttig** (1619, nahe Moselufer). Es geht flussabwärts. Vor dem Schunk'schen Haus biegt man rechts ein und wandert nun zur Kirche hinauf, vor der man nach links in die Hauptstraße hineingeht. Von dieser geht es rechts in die nächste Abzweigung, die Mühlenbachstraße. Immer geradeaus, stets leicht steigend, wandern wir aus dem Ort hinaus. Danach befindet man sich ca. 2 km unentwegt zwischen den Weinbergen (links) und einem Bach, an dem u. a. Ulmen, Eschen, Erlen, Kastanien, Holunder und Haselnüsse gedeihen.

Schließlich geht es in den Wald – weiter leicht bergauf. Nach einiger Zeit kommen wir an einem **Bilder-**

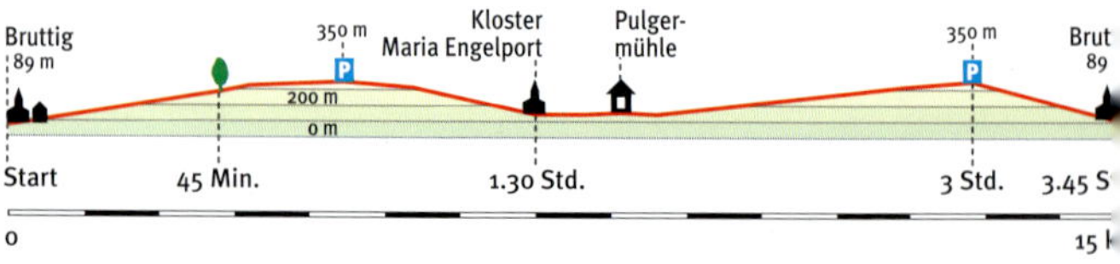

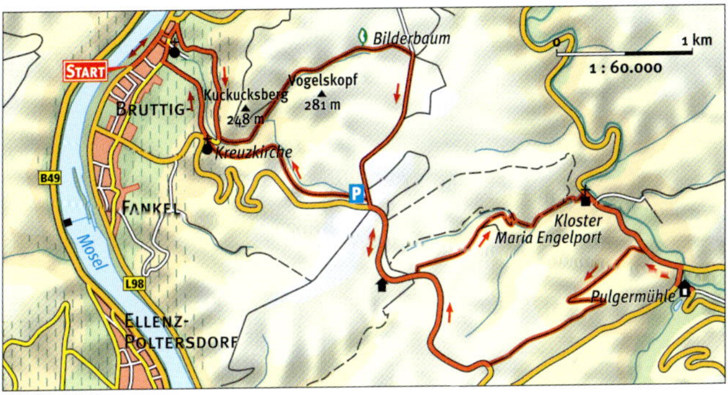

baum (45 Min.) vorbei: eine alte Eiche mit einem Steinrelief aus dem 17. Jh. Solche Bildstöcke stehen seit alter Zeit an Stellen, wo jemand aus großer Gefahr errettet wurde oder sich ein Unglück ereignet hat. 400 m weiter mündet unsere Wanderroute in einen breiten Weg, wir gehen nach rechts. Man befindet sich nun auf der Höhe. Die Route ist in der Folgezeit ein Stück weit mit dem Archäologischen Wanderweg identisch. Bald darauf taucht links offenes Gelände (überwiegend Wiese) auf, während uns rechts weiterhin Mischwald begleitet. Ein Schild zeigt links die Zufahrt zu einem Areal mit keltischen Grabhügeln an.

Schließlich mündet unser Wanderweg bei einem **Parkplatz** mit einer Infotafel zum mittelalterlichen Hohlwegsystem in die K 36. Wir halten uns links und steigen anschließend auf dieser nicht allzu stark befahrenen Landstraße Richtung Flaumbachtal ab. Kurz nachdem die große Schutzhütte passiert ist, biegen wir links in den Wanderweg zum Kloster Maria Engelport ein. Zunächst wird eine Wiese durchquert (abwärts), dabei kann man sich an dem weiten Blick über die waldreichen Hunsrückhöhen erfreuen. Dann geht es bis zum Kloster durch tiefen Wald. Der Abstieg verläuft steil. Auf dem letzten Stück führt er an einem Bach entlang.

Man trifft unterhalb des **Klosters Maria Engelport** auf die L 202 (1.30 Std.), die von Treis-Karden nach Altstrimmig hinaufführt. Wir halten uns rechts und gehen nun ca. 800 m im Flaumbachtal aufwärts, bevor wir rechts in den Wanderweg 7 einbiegen (Markierung). Es lohnt sich, die nur ca. 500 m entfernte **Pulgermühle** »mitzunehmen«, die ein Restaurant betreibt – Spezialität: Forelle.

Spätestens nach der Einkehr geht es aber auf den Wanderweg 7 und in den Wald. Der Weg steigt stetig. Die erste Abzweigung wird ignoriert, an der zweiten geht es nach links. Es folgt schließlich ein langes gerades Stück – immer bergauf. Dann trifft man auf die K 36, die Straße nach Bruttig-Fankel (schwacher Verkehr). Wir gehen auf dieser stark steigenden Strecke aufwärts. Hinter der Wiese und der Schutzhütte erreicht man auf einem Wanderabschnitt, der noch vom Hinweg in Erinnerung ist, den **Parkplatz** mit der Infotafel zum mittelalterlichen Hohlwegsystem (3 Std.). Dort biegen wir links in den Wanderweg 16 ein, der auf kürzestem Weg nach Bruttig-Fankel hinunterführt. Es geht lange durch Wald.

Das Alte Rathaus in Bruttig-Fankel

Direkt oberhalb der Kreuzkirche treten wir schließlich in die Weinberge von Bruttig ein. Auf einem asphaltierten Weinbergweg wird nun der Abstieg ins Dorf zu Ende gebracht. Man genießt die Aussicht auf den malerisch gelegenen Ort und den Prallhang des Cochemer Krampens. Auf Höhe der Pfarrkirche kreuzt man die Hauptstraße. Anschließend geht es via Kirchstraße an das Moselufer hinunter und zum Alten Rathaus von **Bruttig** zurück (3.45 Std.).

Kloster Maria Engelport

Das Kloster wurde zwischen 1260 und 1265 als Damenstift gegründet. Es hatte bis 1802 Bestand, als es im Zuge der napoleonischen Besatzung aufgelöst wurde. Die Ländereien wurden versteigert, die Gebäude als Steinbruch freigegeben.

Knapp 100 Jahre später kam die Ruine inklusive Grund und Boden in den Besitz der Oblaten, die in der Folgezeit eine neue Klosteranlage mit Kirche errichteten. Die Abtei Maria Engelport, in der gegenwärtig 15 Patres leben, widmet sich vor allem Tagungen und Exerzitien. Ferner werden religiöse Seniorenfreizeiten und Sommerurlaube für Familien mit Kindern angeboten. Zum Kloster gehört auch ein Bauernhof, der neben der Land- auch Forstwirtschaft betreibt. Hier dürfen sich auch Familien mit Kindern auf den Freizeiten tummeln.

Dörfer des Moselhunsrücks

Von Beilstein nach Mittelstrimmig

Mit dieser Tour unternimmt man einen Abstecher tief in den Moselhunsrück. Es geht durch viel Wald, drei beschauliche Bachtäler, ausgedehnte Ackerfluren und Weiden sowie zwei Dörfer, in denen traditionelle Hunsrücker Schieferarchitektur überlebt.

DIE WANDERUNG IN KÜRZE

+++
Anspruch

6 Std.
Gehzeit

23 km
Länge

Charakter: Vier lange Anstiege halten sich mit nicht minder langen Abstiegen die Waage; die Tour wird vor allem auf Grund ihrer Länge als anspruchsvoll eingestuft.

Wanderkarte: TK 1:25 000 Ferienland Cochem, Hg. Landesvermessungsamt Rheinland-Pfalz

Einkehrmöglichkeiten: Beilstein, Mittelstrimmig, Liesenich

Anfahrt: mit dem Auto: von Cochem auf Landstraße via Valwig und Bruttig-Fankel nach Beilstein; **mit öffentlichen Verkehrsmitteln:** vom Busbahnhof Cochem, Endertplatz, Linie 8060 nach Beilstein

Beilstein (170 Einw.), in einem schluchtartigen Talkessel zu Füßen einer ehemaligen Klosterkirche und der Burgruine Metternich gelegen, ist ein sehr malerischer Flecken. Schmucker Kern des Örtchens ist der kleine mittelalterliche Marktplatz mit der alten Kirche (1732), dem ehemaligen Amtshaus und dem einstigen Zehnthaus (1537). Das romantische Moseldorf war Drehort für ein halbes Dutzend volkstümlicher Filme, darunter »Der fröhliche Weinberg« und »Moselfahrt aus Liebeskummer«. Dadurch wurde es so bekannt, dass es seither stark von Touristen frequentiert wird.

Wir starten am nördlichen Ortsrand von **Beilstein am Moselufer.** Es geht auf der Straße nach Liesenich aufwärts. Diese verlassen wir aber bereits in der ersten Kurve nach links (Markierung: 9, 11). Es geht nun am Hinterbach entlang aufwärts (leichte Steigung). Zunächst begleiten uns links noch Reben. Danach wandern wir für lange Zeit durch Wald, im wesentlichen Laubmischwald. Wir gehen stets geradeaus, die recht zahlreichen Abzweigungen (zweimal links, zweimal rechts, zweimal links) werden ignoriert. Etwa 3 km nach dem Start passiert man am Rande einer **Waldwiese** geradeaus eine Kreuzung. Wir folgen dann der Markierung 3, es geht weiter bergauf. Nach 400 m sind wir schließlich auf der **Höhe** (45 Min.).

Auch hier geht es geradeaus über eine Kreuzung – wieder der 3 folgend. Kurz dahinter beginnt ein langer Abstieg, immer geradeaus. In ei-

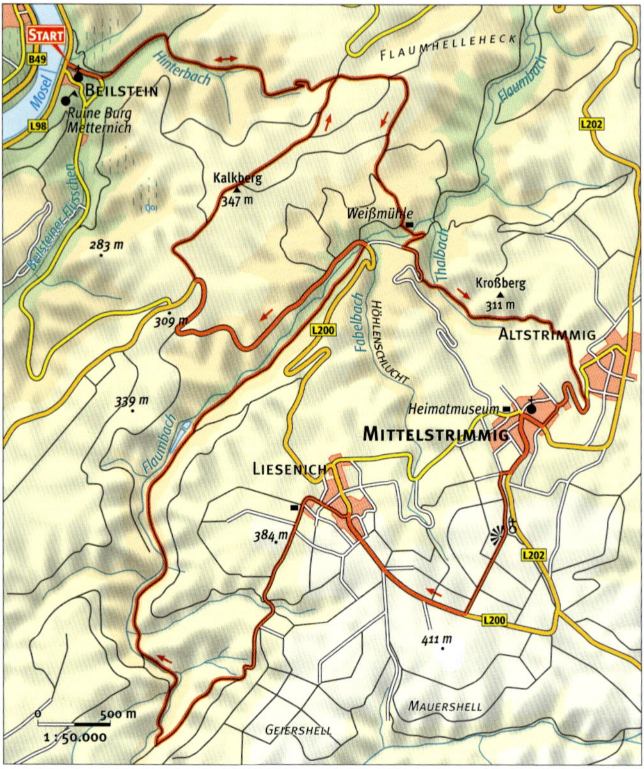

nem Waldstück mit Kiefern, Tannen, Fichten und Lärchen queren wir schräg einen breiten Weg (Wegweiser: »Mittelstrimmig«, 3). Es geht weiter bergab. Alsbald wandert man am Rand einer Waldwiese entlang, dahinter, an der Verzweigung, geht man nach links. Wenig später ist man unten im üppig bewachsenen **Flaumbachtal** (1 Std.). Wir biegen vor der Weißmühle links ab, gehen kurz talabwärts und überqueren dann auf einem Holzbrückchen den Flaumbach. Dahinter führt der Weg geradeaus bergauf.

Bei der Einmündung in einen Querweg hält man sich links (stark verblichener Wegweiser nach Mittelstrimmig). Es geht weiter bergauf. Dann ist Aufmerksamkeit gefordert: In einer geteerten Kurve muss man nach links einbiegen (Wegweiser:

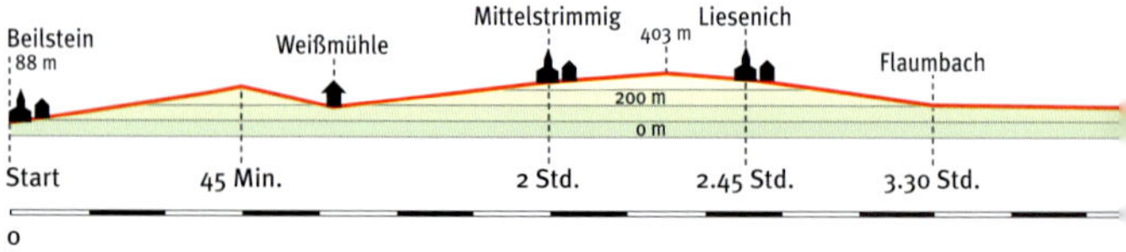

»Altstrimmig«, C 4). Es geht nun über den winzigen **Thalbach,** in dessen engem Tal wir in der Folgezeit aufwärts wandern.

Schließlich tritt man in die Flur von **Mittelstrimmig** hinaus. Kurz danach geht es an einer Kapelle vorbei und dahinter nach rechts – jetzt kräftig bergauf. Auf der Höhe passieren wir rechts das Schulgebäude des propren Hunsrückdorfes und gehen in die Schulstraße hinein. Diese mündet in eine Kreuzung, wo wir rechts in die Hauptstraße einbiegen. Auf dieser gelangt man in die Nähe der Kirche (2 Std.). Hier ist es nicht weit zu dem kleinen Heimatmuseum, das dem Handwerk und der Landwirtschaft gewidmet ist (Museumstr. 1, Tel. 0 65 45/18 77 oder 16 19; geöffnet So 14.30–16.30 Uhr sowie nach Vereinbarung).

Die Wanderung führt dann auf der Landstraße nach Blankenrath aufwärts. Knapp oberhalb von Mittelstrimmig geht es rechts in den Feldweg/Wanderweg nach Liesenich. Kurz dahinter biegen wir nach links ab und gehen auf dem kleinen Waldlehrpfad zur Kapelle hinauf, wo wir uns nach rechts wenden. Man hat hier einen sehr weiten Ausblick über das Flaumbachtal hinweg bis in die Eifel.

Die Wanderroute führt nun durch die ausgedehnte Ackerflur von Mittelstrimmig. Immer geradeaus, stets ansteigend, trifft sie schließlich T-förmig auf die wenig befahrene Landstraße L 200. Auf dieser geht man anschließend nach **Liesenich**

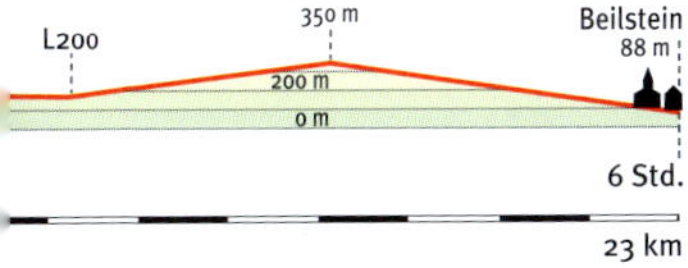

hinunter. In diesem hübschen Dorf (2.45 Std.) mit recht vielen Häusern in traditioneller Hunsrücker Schieferarchitektur führt uns die Hauptstraße bis auf Höhe Gartenstraße abwärts. Hier biegen wir links ab und folgen nun der Markierung K 5–7 ortsauswärts.

Nun folgt ein langes Stück durch Getreideflur abwärts. Dann wird ein schmales Tal überquert. Anschließend folgt wieder eine lange Abwärtspassage – bis man schließlich am Grund des **Flaumbachtals** ankommt (3.30 Std.). Unser Wanderweg führt dann etwa 4 km an diesem von Wald und Wiesen gesäumten Bach abwärts. Ca. 1,5 km hinter den Fischteichen verlassen wir die beschauliche Szenerie und begeben uns links auf die **L 200** (4.15 Std.), die Landstraße Liesenich–Senheim (wenig Verkehr), auf der wir nun Richtung Senheim aufsteigen.

Erst verläuft sie geradeaus, dann geht es in Serpentinen aufwärts. In der dritten Kurve gehen wir rechts in eine **Wiese** hinein (Markierung. 9, auf Leitplanke; 4.45 Std.). Es geht weiter den Berg hinauf. Man hat einen schönen Blick auf das Flaumbachtal. Darüber erhebt sich das Plateau des Moselhunsrücks, von links nach rechts liegen die Dörfer Altstrimmig und Mittelstrimmig inmitten einer ausgedehnten Ackerflur. Es geht dann durch Eichenwald geradeaus weiter aufwärts. Die Steigung lässt bald nach. Dann folgt auf der Höhe ein kurzes flaches Stück. Danach beginnt der fast 4 km lange, ziemlich sanfte Abstieg nach Beilstein. Nach ca. 1 km halten wir uns auf einer **Waldwiese,** die noch vom Hinweg bekannt ist, links. Das letzte Wegstück ist mit dem Hinweg identisch, nur geht es jetzt bergab – zum **Moselufer von Beilstein** hinunter (6 Std.).

Dornröschen im Blick

Rund um Ellenz-Poltersdorf

Auf einem breiten Gleithang mit Rebfeldern und den gemütlichen Weinorten Ellenz und Poltersdorf verläuft der größte Teil der Tour. Kontraste bilden Wegstücke durch Hangwald und Flur auf der Hochfläche sowie ein Abschnitt am Moselufer.

DIE WANDERUNG IN KÜRZE

+ Anspruch

2.30 Std. Gehzeit

9 km Länge

Charakter: Lediglich ein einziger langer, aber keineswegs schwerer Anstieg ist zu bewältigen.

Wanderkarte: TK 1:25 000 Ferienland Cochem, Hg. Landesvermessungsamt Rheinland-Pfalz

Einkehrmöglichkeiten: Poltersdorf, Campingplatz Ellenz, Ellenz

Anfahrt: mit dem Auto: von Cochem auf der B 49 nach Poltersdorf; **mit öffentlichen Verkehrsmitteln:** vom Busbahnhof Cochem, Endertplatz, mit Linie 6211 nach Poltersdorf

Poltersdorf, Teil der Verbandsgemeinde Ellenz-Poltersdorf (900 Einw.) ist ein gemütliches Weindorf mit stattlichen Weinhöfen und besitzt mit dem als Durchfahrt genutzten Kirchturm ein höchst ungewöhnliches Bauwerk.

Die Rundtour beginnt an der **Ecke Kirchstraße/Kurfürstenstraße.** Es geht via Kurfürstenstraße und Weinstraße zum südöstlichen Ortsende. Dort begeben wir uns zur Mosel hinüber und wandern auf dem Radweg flussabwärts. In den Obstgärten fallen die vielen Pfirsichbäume auf.

Hinter dem Campingplatz passiert der Radweg die Anlegestelle der Fähre nach Beilstein. Aus der Distanz sieht der Ort mit dem Beinamen »Dornröschen der Mosel« märchenhaft aus. Aus der Ferne ist vom Massentourismus in dem beliebten Flecken nichts zu spüren.

Bald darauf erreicht man **Ellenz** (20 Min.). Direkt hinter der Tankstelle biegen wir links ein und gehen auf

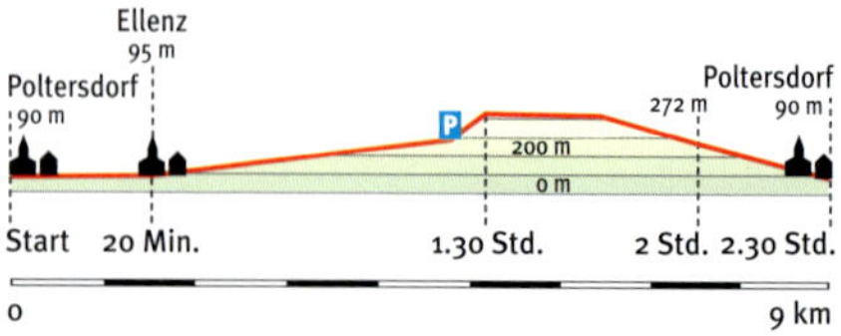

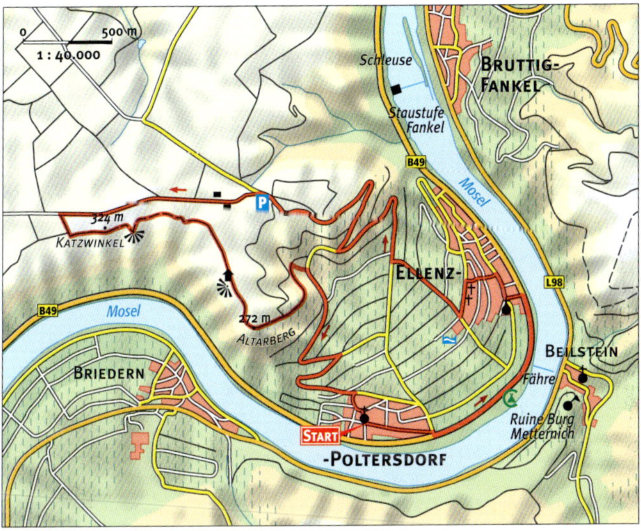

der Martinusstraße bis zur Kirche hinauf, um dort rechts in die Hauptstraße einzubiegen. Von dieser geht es alsbald in die Schulstraße – jetzt kräftig bergauf. Weiter geradeaus wird dann der Aufstieg in der Rosenstraße fortgesetzt. Anschließend biegen wir links ein, die Route – hier wieder flach – führt jetzt am **Friedhof** entlang. Am Ende halten wir uns rechts. Nun beginnt der lange, aber nicht allzu steile Aufstieg in den Weinbergen. Zunächst geht es immer geradeaus (ca. 500 m). Wenn man sich umdreht, hat man eine prächtige Aussicht auf die Burgruine Metternich über Beilstein.

Schließlich erfolgt die T-förmige Mündung in eine breite Teerstraße, auf der man sich nach rechts wendet. Es geht weiter bergauf, zunächst ein längeres Stück geradeaus. Dann verläuft die Route in mehreren Serpentinen (Markierung: 5), bevor am **Parkplatz Waldesruhe** fast die Höhe erreicht ist. Hier oben hat man eine hervorragende Aussicht auf Ellenz und Poltersdorf samt dem ausgedehnten Gleithang sowie Beilstein mit Prallhang und Burgruine Metternich.

Der letzte Abschnitt des Aufstiegs führt durch Wald. Unsere Wanderroute verläuft geradeaus am Parkplatz Waldesruhe vorbei – Richtung Ediger-Eller (Wegweiser). Es folgt noch ein kurzes Stück Wald, bevor man in die ausgedehnte **Hochflur** von Ellenz-Poltersdorf eintritt – Getreidefelder, Wiesen, weiter Blick (1.30 Std.). An einem Gehöft vorbei wandern wir ca. 1 km geradeaus in die Flur hinein. Danach geht es links zum Wald hinüber. Dort wendet man sich wiederum nach links und wandert ein Stück am Waldrand entlang. In diesem Abschnitt befindet sich auch ein Aussichtspunkt.

Dann begeben wir uns rechts in den Wald (Markierung: 7). Auf der folgenden Kreuzung geht es geradeaus. Wir kommen gleich danach an einer **Schutzhütte** (Aussicht auf Briedern) vorbei, durchqueren kurz

Die Fähre nach Beilstein

einen Weinberg, kommen nochmals durch Wald und treffen am Waldrand auf Wanderweg 6, in den wir rechts einbiegen. Er führt uns bei prächtigem Ausblick in mehreren Kehren durch die Weinberge nach **Poltersdorf** hinunter (2.30 Std.).

Rückkehr des Weinbergpfirsichs

Früher gehörten die niedrigen Pfirsichbäume zum festen Bestand vieler Weinberge der Unter- und Mittelmosel. Ihre äußerlich so unscheinbaren kleinen pelzigen Früchte überraschen durch saftiges und ausgesprochen aromatisches Fruchtfleisch. Aus diesem wohlschmeckenden Obst wurde Gelee, Marmelade, Obstler und Likör hergestellt.

Als in den 1950er und 1960er Jahren an der Mosel der Obstanbau mehr und mehr aufgegeben wurde, gingen auch die Baumbestände der Weinbergpfirsiche drastisch zurück. Nur noch an wenigen Orten konnte man im Mai die zartrosa blühenden Bäume bewundern. Auch der farbenprächtige Segelfalter wurde mit dem Verlust dieser wichtigen Wirtspflanze immer seltener gesehen.

Mit der wachsenden Kritik an der Monokultur und der zunehmenden Nachfrage nach regionalen Produkten beginnt man sich nun wieder der schmackhaften kleinen Frucht zu erinnern. Es wurde sogar ein Verein namens »Der rote Weinbergpfirsich e.V.« gegründet, der sich für die moselländische Frucht engagiert.

Kernland der Mosel-Mäander

Rund um Briedern

Die Wanderung führt ein Stück in die Wälder des Hinterlandes hinein. Damit kombiniert werden die Weinberge von Senheim und Mesenich. Auch eine längere Passage am Moselufer ist dabei.

DIE WANDERUNG IN KÜRZE

+ Anspruch

2.30 Std. Gehzeit

11 km Länge

Charakter: Langer starker Anstieg zu Beginn, danach verläuft die Tour ausgesprochen leicht.

Wanderkarte: TK 1:25 000 Ferienland Cochem, Hg. Landesvermessungsamt Rheinland-Pfalz

Einkehrmöglichkeiten: Briedern, Mesenich

Anfahrt: mit dem Auto: von Cochem auf Landstraße via Beilstein; **mit öffentlichen Verkehrsmitteln:** vom Busbahnhof Cochem, Endertplatz, Linie 8060 nach Briedern

Briedern (400 Einw.) ist ein Weindorf, das nur in wenigen Reiseführern erwähnt wird und auch nicht in den Siegerlisten der Wettbewerbe um das schönste Dorf auftaucht, wie etwa der Nachbarort Mesenich. Dennoch lohnt sich ein Besuch, der Ort ist gemütlich und das gastronomische Angebot durchaus ausreichend.

Wir starten in Briedern im Ostteil der **Moselstraße.** Es geht der Markierung 1 folgend in der Straße »Im Wiesengrund« aufwärts. Die Route – ein Asphaltsträßchen – verläuft zunächst zwischen dem Talbach und Weinbergen. Nach ca. 800 m erreichen wir eine Gabel, an der wir uns rechts halten. Es geht weiter bergauf, nun auf einem steinigen Weg durch Buchenwald. 600 m weiter biegt man links in eine Teerstraße ein. Wir befinden uns jetzt in Mischwald. Die Steigung lässt deutlich nach. Wir erreichen eine Gabel, auf der wir uns an den Wegweisern nach Beilstein und zur Waldeslust orientierend für links entscheiden. 200 m weiter ist man auf der Höhe. Nun geht es leicht bergab. Nach ca. 300 m erreicht man die **Waldeslust** (45 Min.): zwei Schutzhütten, eine Feuerstelle und Sitzbänke. Von hier kann man Beilstein, Ellenz und Bruttig-Fankel aus der Vogelperspektive betrachten.

Anschließend geht man durch Eichenwald abwärts. Vor dem Waldrand biegt man rechts in einen schottrigen Weg ein. Es geht jetzt wieder bergauf, vorbei an Ginster und Brombeeren. Auf der Höhe treffen wir auf einen breiten Querweg, dem wir nach links folgen. Die Rou-

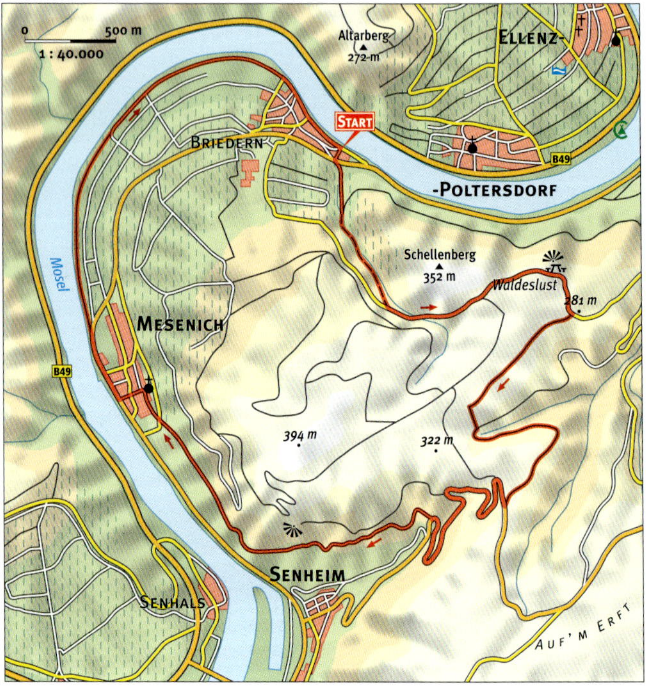

te hält 300 m die Höhe, bevor – wiederum links – der Abstieg Richtung Senheim (Wegweiser) beginnt. Man geht nun stetig bergab, Abzweigungen werden ignoriert. Nach ca. 700 m biegen wir nach rechts in die **Straße nach Senheim** ein (1.15 Std.). Es geht jetzt noch steiler bergab. In der fünften Spitzkehre verlassen wir die Landstraße nach rechts in die Weinberge. Es geht zunächst aufwärts und dann wieder abwärts. An einer Verzweigung halten wir uns links. Man hat hier einen wunderbaren Blick auf Senheim, die Moselbrücke und den kleinen Hafen.

Es geht weiter bergab. An einer weiteren Verzweigung kurz vor Senheim wenden wir uns nach rechts (Markierung: 2). Danach verläuft die Route ein Stück hangparallel, bevor schließlich der Abstieg nach **Mesenich** (355 Einw.) einsetzt. Die Weinberge enden erst am Ortsrand. Wir steigen auf der Weinbergstraße zur Kirche ab. Dort wendet man sich nach links und geht zum Moselufer hinüber (2 Std.).

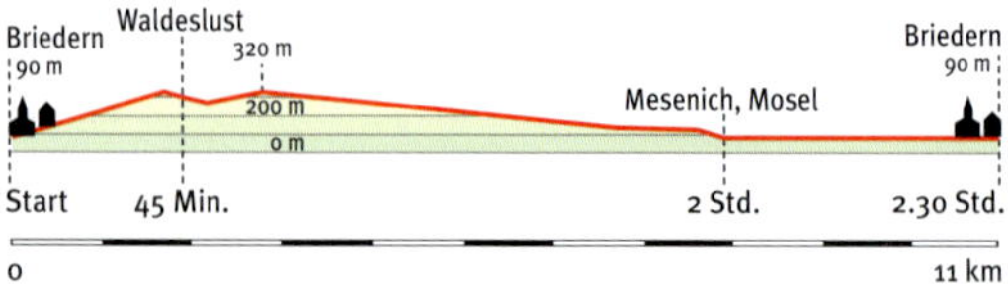

Oh, Mosella ...

Die letzten 3 km flussabwärts bis Briedel werden auf dem Moselradweg zurückgelegt. Während der ersten Hälfte geht man auf Schotter, in der zweiten auf Asphalt. Rechts begleitet uns der von Reben bedeckte Gleithang Mesenich-Briedern, links haben wir stets den Fluss zur Seite, gesäumt von Weiden. Über dem anderen Ufer erhebt sich ein steiler Prallhang, der überwiegend bewaldet ist. Der Radweg bringt uns in **Briedern** direkt auf die **Moselstraße** (2.30 Std.).

Der steilste Weinberg Europas

Auf dem Kamm des Bremmer Calmont

Auwald zwischen Neef und Senheim, Weinberge in Nehren, Ediger-Eller und Bremm, alte Fachwerkhäuser in Ediger-Eller und atemberaubende Ausblicke vom Bremmer Calmont auf das Moseltal ergeben eine wunderbare Tour.

DIE WANDERUNG IN KÜRZE

+++ Anspruch

6 Std. Gehzeit

25 km Länge

Charakter: Zwei lange Steigungen, darunter der steile Aufstieg zum Bremmer Calmont (378 m), gilt es zu bewältigen. Für Letzteren ist Trittsicherheit unbedingt erforderlich.

Wanderkarte: TK 1:25 000 Ferienland Cochem, Hg. Landesvermessungsamt Rheinland-Pfalz

Einkehrmöglichkeiten: Neef, Senhals, Campingplatz Nehren, Nehren, Ediger-Eller, Bremm

Anfahrt: mit dem Auto: von Cochem auf der B 49 bis zur Neefer Moselbrücke; **mit öffentlichen Verkehrsmitteln:** von Cochem Bahnhof Regionalbahn nach Neef

Achtung: Bei Regenwetter ist es auf dem Abschnitt zum Calmont hinauf glitschig.

Neef (570 Einw.) zählt zu jenen glücklichen Moselorten, die nicht von hektischem Durchgangsverkehr geplagt sind. Viele alte Winzerhäuser aus Schieferbruchstein verleihen dem gemütlichen Ort ein wenig Flair. Ein Kleinod ganz eigener Art ist das Puppen- und Ofenmuseum (Neugartenstr. 6, Tel. 0 65 42/2 21 54, April–Juni Sa, So 13–17, wochentags nach Vereinbarung, Juli–Okt. tgl. 10–17 Uhr).

Wir beginnen die Tour am **Moselufer von Neef.** Es geht flussabwärts. Die Route verläuft bis zur Senheimer Brücke stets in Ufernähe. Zunächst unterqueren wir die Moselbrücke Neef–Bremm. Rechts hat man nun die steile und felsenreiche Neefer Weinlage »Petersberg« im Blick,

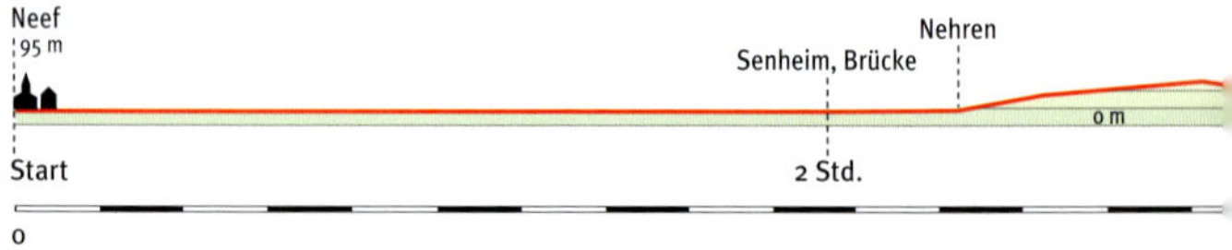

links ist der Ort Bremm zu sehen. Die Rebfelder reichen bis an unseren Wanderweg heran. Nach ca. 2 km kommen wir an der Ruine des ehemaligen Damenstifts **Stuben** vorbei. Über dem anderen Ufer erhebt sich hier sehr steil der 378 m hohe Bremmer Calmont (lat. *mons calidus* = heißer Berg, meint hier die exponierte Sonnenlage). Mit 65 % Hangneigung ist er Europas steilster Weinberg. Danach verläuft unsere Route bis kurz vor der Senheimer Brücke auf Erdweg, der bei Regenwetter pfützenreich und stellenweise schlammig ist.

Nun führt die Route durch Auwald, das Ufer ist dicht bewachsen. Nur an wenigen Stellen ist es möglich, einen Blick auf die andere Seite zu werfen; das ändert sich erst, wenn im Spätherbst die Blätter fallen. Immerhin erhascht man einige Blicke auf die malerischen Ortsteile der Bindestrichgemeinde Ediger-Eller.

Der Wald endet schließlich hinter dem Naturschutzgebiet um die kleine Insel Taubengrün, Brutplatz des Eisvogels, Überwinterungsgebiet von Kormoranen und Graureihern. Danach geht es noch durch einen Gartengürtel, bevor man kurz vor **Senheim** (2 Std.) auf das andere Flussufer wechselt. Direkt hinter der Brücke begeben wir uns wieder ans Moselufer hinunter, laufen nun aber flussaufwärts – auf dem Moselradweg. Die Route passiert den Campingplatz Nehren. Direkt dahinter biegt man nach rechts ab. Stets geradeaus geht es zunächst über die B 49, dann wird der Ortsrand des kleinen Dorfes **Nehren** (110 Einw.; 2.15 Std.) gestreift. Auf einem Teersträßchen steigt man in den Weinbergen immer steil bergauf, um schließlich auf der siebten Kreuzung nach links abzubiegen. Es geht nun ein kurzes Stück leicht aufwärts, dann ein langes Stück leicht abwärts. Im Blick hat man hoch oben zwei Römergräber (3. Jh.), tief unten Nehren und Senheim.

Dann beginnt ein langer Aufstieg, zuerst noch zwischen Reben, dann oberhalb der Wingerte. Es geht geradeaus an dem rechts zu den römischen Gräbern abzweigenden Weg (Schild) vorbei. Anschließend taucht man in Eichenwald ein und hält eine Weile in etwa die Höhe. An einem links abzweigenden Teersträßchen geht es geradeaus vorbei aufwärts. Bald darauf überschreiten wir einen Querweg – weiter aufwärts. Kurz dahinter wird die linke Abzweigung ignoriert – immer noch aufwärts. Dann treten wir aus dem Wald heraus und gehen am Rande eines Weinberges entlang – mit Blick auf die Mosel. Gut 100 m weiter hält man sich bei der Einmündung in eine Kurve links (Schild: »Ediger«, Markierung: 4). Es beginnt der steile Abstieg nach **Ediger** – alsbald auf Teersträßchen.

Im Ort (3.30 Std.) gehen wir zunächst Richtung Mosel abwärts, bevor wir rechts in die Hochstraße einbiegen. Diese teilweise von schö-

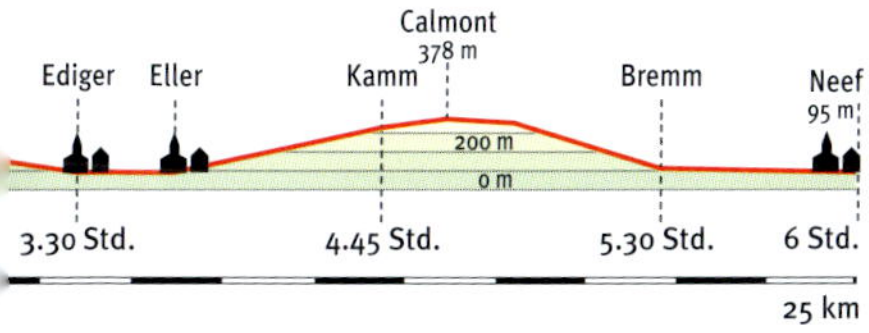

nen Fachwerkhäusern gesäumte Straße gehen wir bis zum Ende und begeben uns dann an das Moselufer hinunter. Anschließend wandert man auf dem Radweg flussaufwärts zum ca. 1 km entfernten Ortsteil **Eller.** Wir verlassen den Uferweg auf Höhe des Gästehauses Friedrich und gehen sodann links am Nordwestrand von Eller entlang bis zum **Ellerbach,** in dessen Tal es aufwärts geht. Direkt hinter dem Ortsende wird links der Bach überquert (4 Std.).

An der Verzweigung hinter dem Eisenbahntunnel halten wir uns links (Schild: »Vier-Seen-Blick«). Nun beginnt der lange, später sehr steile Aufstieg (schmaler Pfad, Trittsicherheit erforderlich, bei Regenwetter glitschig!) auf den Bremmer Calmont, der auf dieser Seite bewaldet ist.

Nach gut 1 km hält man sich links, d. h. man orientiert sich am Wegweiser zur Schutzhütte. Ca. 200 m weiter geht es an der Abzweigung zum Klettersteig geradeaus. Nach weiteren 400 m ist man auf dem **Kamm des Bremmer Calmont** und hat damit das Ende des anstrengenden Aufstieges erreicht (4.45 Std.). Dort befindet sich eine Schutzhütte, von der ein fantastischer Ausblick besteht: links Ediger-Eller, geradeaus Neef, rechts Bremm. Der Fluss nimmt mit seinen Schleifen von hier aus betrachtet die Form dreier Seen an.

Man folgt dann – immer geradeaus – den Hinweisen zum Vier-Seen-Blick. Ca. 400 m hinter der Schutz-

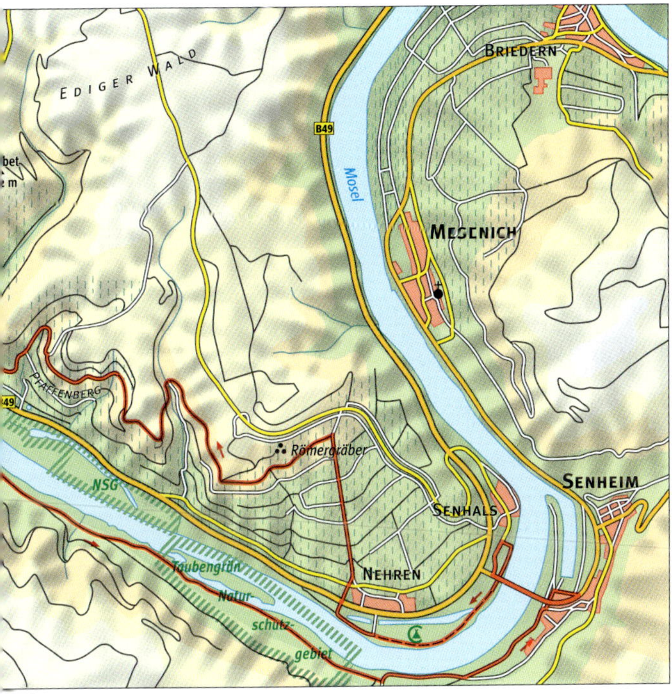

hütte vereinigt sich unsere Route mit dem Moselhöhenweg (M) – weiter geradeaus. Kurz danach geht es links hinüber zum ca. 100 m entfernten **Vier-Seen-Blick.** Die Aussicht auf das Moseltal ist hier noch spektakulärer.

Es geht geradeaus weiter, wenig später biegt man nach links in einen breiten Weg ein. Man bleibt noch ein langes Stück auf dem Kamm, bevor der Moselhöhenweg nach links verlassen wird. Nun beginnt der steile Abstieg auf dem Wanderpfad 7 nach Bremm – zuerst noch durch Wald, dann durch Weinberge, jetzt das Dorf im Blick. Der Pfad mündet schließlich in einen Weinbergweg, der in einer weiten Schleife nach **Bremm** (1000 Einw.) hinunterführt. In diesem Dorf spielt Clara Viebigs Winzerroman »Die goldenen Berge«, der die wirtschaftliche Misere in den 1920er Jahren zum Gegenstand hat – einschließlich des Sturms auf das Bernkasteler Finanzamt von 1926.

Auf Höhe der Kirche (5.30 Std.) geht es nach rechts. Immer geradeaus durchquert man dann das ganze Dorf. Anschließend geht es am Sportplatz vorbei zur Moselbrücke, kurz dahinter sind wir am Ausgangspunkt **Neef** (6 Std.).

Trockenmauern und Felswände

Trotz aller Modernisierungen findet man in den moselländischen Weinbergen – vor allem in den schwer zu bearbeitenden, erosionsanfälligen Steillagen – immer noch recht einfa-

Die Kirche von Ediger

che Mauern, die so genannten Trockenmauern, bei denen die Steine ohne Mörtel aufeinander gesetzt sind. Und auch die steilen Felsnasen haben – nicht nur am Bremmer Calmont – überlebt. Solche nährstoffarmen Extremstandorte besitzen eine ganz eigene Tier- und Pflanzenwelt. An Gehölzen findet man hier Felsenbirne, Kornelkirsche, Schlehe, Mehlbeere und Berberitze. Für Trockenmauern und Felswände typische Pflanzen sind Mauerpfeffer- und Hauswurzarten, schwarzstieliger Strichfarn, Steinkraut, Schaumkraut, Thymian sowie verschiedene Moose und Mauerflechten. Eine besondere Augenweide sind die bunten Schmetterlinge wie Segelfalter, Mauerfuchs, Schwalbenschwanz, Widderchen, Ochsenauge und Rostbinde.

Vordereifel und Moselhunsrück

Von Neef nach Bullay

Die Rundwanderung kombiniert Vordereifel (Hinweg) und Moselhunsrück (Rückweg). Außer Weinbergen, Wald und schöner Aussicht sorgen die vier Weinorte Neef, St. Aldegund, Alf und Bullay für Abwechslung.

DIE WANDERUNG IN KÜRZE

+ Anspruch

4 Std. Gehzeit

16 km Länge

Charakter: Drei problemlose Steigungen stehen an, der Rest ist ausgesprochen leicht.

Wanderkarten: Kombination von TK 1:25 000 Ferienland Cochem mit TK 1:25 000 Mittelmosel, Kondelwald, erforderlich, beide Hg. Landesvermessungsamt Rheinland-Pfalz

Einkehrmöglichkeiten: Neef, St. Aldegund, Alf, Bullay

Anfahrt: mit dem Auto: von Cochem auf der B 49 nach Neef; **mit öffentlichen Verkehrsmitteln:** von Cochem Bahnhof Regionalbahn nach Neef

Wir starten am **Neefer Moselufer.** Flussabwärts geht es kurz darauf über die Moselbrücke – von hier blicken wir links auf Neef und die Staustufe, rechts auf Bremm. In der Abfahrt wendet man sich links Richtung Bremm Ortsmitte in eine ruhige Straße. Diese verlassen wir jedoch bereits an der zweiten Abzweigung nach links (Schild: »St. Aldegund«, Markierung: S 1) und gehen nun durch Weinberge geradeaus bergauf – Aussicht: Bremm und der mächtige Prallhang des Bremmer Calmont rechts, über dem anderen Ufer der felsige Petersberg mit steilen Rebhängen, Neefs bekannteste Weinlage. An der Verzweigung kurz vor dem Waldrand hält man sich rechts und dann am Waldrand links (Schild: »St. Aldegund«). Ein Erdweg führt uns weiter aufwärts, zunächst durch dichten Niederwald.

Auf der Höhe – wieder in der Flur – schaut man direkt oberhalb der Neefer Staustufe auf das Moseltal von Neef bis Bullay und das Tal des Neefer Baches. Die Route läuft dann Höhe haltend ein Stück oberhalb der Weinberge. Dahinter erreicht man eine Mehr-Wege-Verzweigung, an der es links weitergeht. Es folgt eine Passage durch Wald. Danach geht es durch Weinberge steil nach **St. Aldegund** (720 Einw.) hinunter. Wieder hat man das Moseltal von Neef bis Bullay im Blick. Im Ort (45 Min.) wendet man sich gleich nach rechts. Es

Blick auf Bremm

geht nun die Christopherusstraße entlang, in der einige hübsche alte Fachwerkhäuser auffallen. Ansonsten besitzt das schön gelegene Dorf eine Bergkirche aus dem Jahre 1144 und die älteste Dorfschule des Mosellandes (erstmals erwähnt 1523, genutzt bis 1781).

Geradeaus geht es sodann in der Klosterkammerstraße weiter – durch ein farbloses Neubauviertel. Fast am Ende dieser Straße biegen wir rechts ab – aufwärts Richtung Alf (entsprechendes Schild).

An der nächsten Abzweigung geht es nach links. Wir sind in den Weinbergen, das Profil ist eine Weile ohne nennenswerte Steigungen. Das ändert sich schließlich in einer Kurve, wo wir rechts aufsteigen (Schild: »Alf«, Markierung: S 6, Sitzbank). Dann befinden wir uns wieder im Wald, dieses Mal für eine längere Passage. Es geht geradeaus bergan, Abzweigungen werden ignoriert.

Dann tritt man wieder in die Weinberge hinaus. Jetzt beginnt der lange Abstieg nach Alf. Zunächst kann

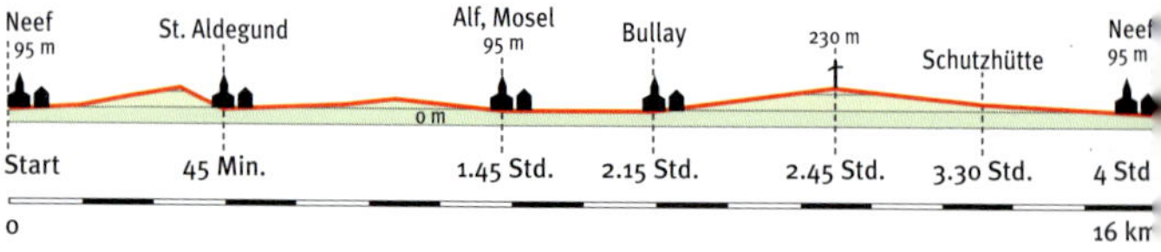

man die Aussicht auf Bullay und seine eigentümliche Doppelbrücke aus Eisen genießen. Erst hinter der Marienkapelle kommt auch **Alf** (1150 Einw.) in Sicht. Wir gehen noch recht weit auf der Bergstraße in das Alftal hinein, bevor wir links in Alfs »guter Stube« landen, der Ferdinand-Remy-Straße. Immer geradeaus bummelt man nun an Läden und Restaurants vorbei zum **Moselufer** (1.45 Std.) hinunter. Anschließend begeben wir uns flussaufwärts zur Moselbrücke und nach Bullay hinüber.

Von der Brücke steigt man direkt zum Flussufer ab. Anschließend wandern wir auf dem Moselradweg am Campingplatz vorbei flussabwärts. Es geht an **Bullay** (1500 Einw.) entlang, links hat man Alf im Blick. Nahe am Ortsrand biegt man rechts ab (2.15 Std.; man folgt dem Radweg). Es geht zur Hauptstraße hinauf und quer darüber hinweg. Dann unterschreitet man die Bahntrasse. Hinter dem Tunnel halten wir uns links und folgen der Markierung 3.

Es geht nun am schmalen **Thalbach** aufwärts. Links begleiten uns noch eine Weile Weinberge. Schließlich geht es für lange Zeit in den Wald – bis kurz vor Neef. Die Route steigt zunächst leicht und dann allmählich stärker an. Wir ignorieren die verschiedenen Abzweigungen zur Linken. Vor dem **Bullayer Kreuz** geht es zuerst durch Kiefern- und dann durch Fichtenwald. Kurz hinter dem Kreuz (2.45 Std.) wenden wir uns an der Einmündung in einen breiten Weg (Eichenwald) nach links. Man ist auf der Höhe angelangt, die Strecke ist jetzt flach.

In der bald folgenden Rechtskurve geht es links ab (Schild: »Neef, Bachtal, Lilohütte«). Wir wandern nun lange im Tal des **Ankerbaches** abwärts, der in den Neefer Bach mündet. Der Weg ist stellenweise sehr feucht, so dass es bei Regenwetter schlammig und glitschig werden kann. Schließlich ist die **Schutzhütte** im Tal des Neefer Baches erreicht. Hier geht es nach rechts und über den **Neefer Bach** (3.30 Std.). Danach wandern wir noch 1 km an diesem munteren Gewässer abwärts, das von zahlreichen Gärten umgeben ist. Dann geht es per Unterführung auf die andere Seite der Bahntrasse. Wir sind am Südrand von Neef angelangt. Rechts der Schleuse geht es zum Flussufer. An Lokalen und Weingütern vorbei erreichen wir alsbald unseren Ausgangspunkt am Nordende von **Neef** (4 Std.).

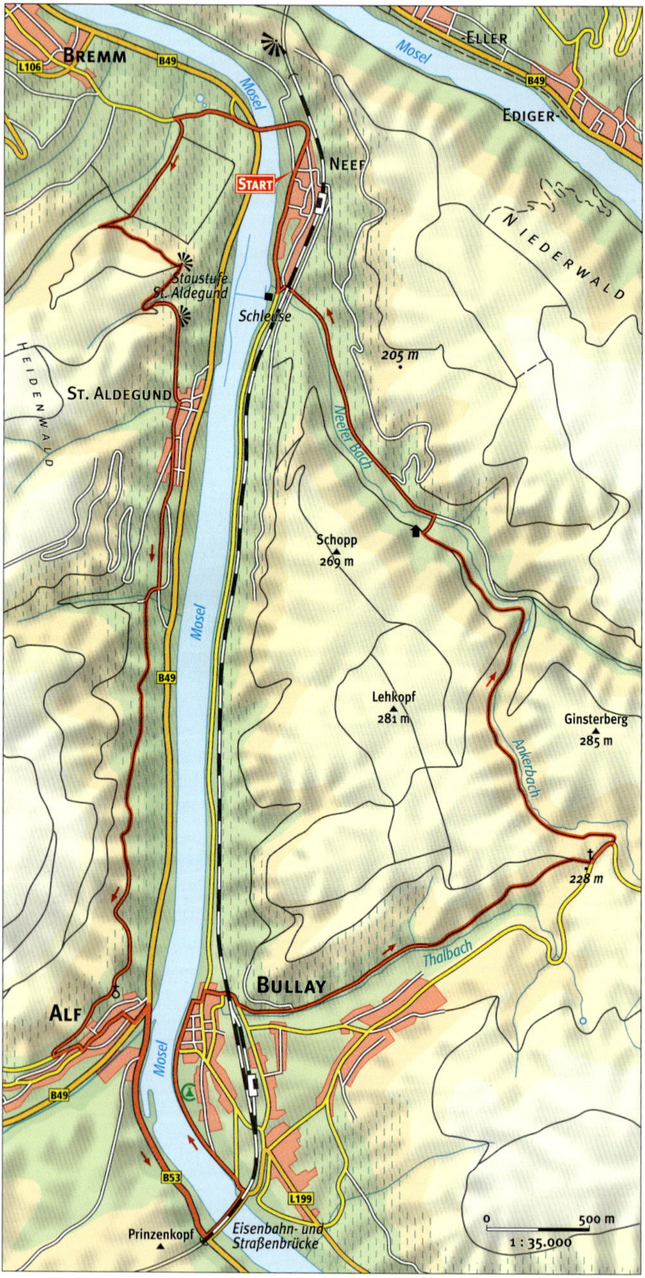
Bremm
L106
B49
Mosel
Eller
B49
Ediger-
Neef
Start
Niederwald
Staustufe St. Aldegund
Schleuse
205 m
Heidenwald
St. Aldegund
Neefer Bach
Schopp
269 m
Lehkopf
281 m
Ginsterberg
285 m
Ankerbach
228 m
Thalbach
Bullay
Alf
B49
B53
L199
Prinzenkopf
Eisenbahn- und Straßenbrücke
0
500 m
1 : 35.000

Zeller Hamm und Marienburg

Von Alf nach Zell

Von der Höhe der Marienburg kann man große Teile der eindrucksvollen Landzunge Zeller Hamm bewundern. Anschließend schaut man sich den lang gestreckten Bergrücken vom Moseltal aus an.

DIE WANDERUNG IN KÜRZE

+ Anspruch

3 Std. Gehzeit

14 km Länge

Charakter: Einziger Anstieg gleich zu Beginn, die restliche Strecke besteht aus einem langen Abstieg und einem noch längeren Flachstück.

Wanderkarte: TK 1:25 000 Mittelmosel, Kondelwald, Hg. Landesvermessungsamt Rheinland-Pfalz

Einkehrmöglichkeiten: Alf, Marienburg, Zell-Kaimt, Zell, Zell-Merl

Anfahrt: mit dem Auto: von Traben-Trarbach auf der B 53 oder von Cochem auf der B 49; **mit öffentlichen Verkehrsmitteln:** vom Bahnhof Bullay 2 km Fußweg (über die Brücke) oder von Busbahnhof Cochem, Endertplatz, Linie 6211 nach Alf, Mosel

Alf erstreckt sich vom Moselufer ein Stück in das Tal des Alfbaches hinein. Seit dem 18. Jh. befand sich hier eine Poststation, um die sich mehrere Gasthöfe scharten. Heute ist der Ort ein wichtiger Verkehrsknoten für den Autoverkehr, also ein reichlich betriebsamer Flecken. In der Umgebung gibt es eine Reihe interessanter Ausflugsziele, so die Marienburg, die Burg Arras und das Kurstädtchen Bad Bertrich.

Wir beginnen die Rundwanderung in Alf an der **Ecke B 53/Alfbach** und folgen dem Moselhöhenweg (M) und dem Wegweiser zur Marienburg. Man steigt in der Straße »Auf der Tannenstraße« auf. Nach ca. 100 m ist rechts im Hintergrund die Burg Arras zu sehen. Wir gehen weit oben geradeaus am Parkplatz Prinzenkopf vorbei in den Wald (mächtige Eichen). Man muss weiter steigen, jetzt auf Schotterweg. Gegenüber einer Hütte biegen wir links in ein Teersträßchen ein (Schild: »Prinzenkopf, Marienburg«). Aussicht: Marienburg, Moselschleife von Briedel bis Riol, Pünderich auf breitem Gleithang. Der Wald ist hier ausgesprochen artenreich – Birke, Kiefer, Lärche, Fichte, Eiche. Im Folgenden werden alle Abzweigungen ignoriert. Es geht dann am **Prinzenkopf** vorbei, einem Friedhof für Gefallene aus dem Zweiten Weltkrieg (30 Min.).

Kurz dahinter zweigt rechts der Weg zum 100 m entfernten **Aussichtsturm** ab, ein Abstecher, der außerordentlich lohnenswert ist, denn man kann hier fast den gesamten Flusslauf von St. Aldegund bis Riol überblicken. Ferner reicht die Aussicht weit in die Seitentäler hinein.

An der nächsten Verzweigung halten wir uns dann links (leicht steigend). Der Weg, der auf dem Grat des Pündericher Weinbergs verläuft, führt nun direkt zur nahe gelegenen **Marienburg** (1145 erbaut, bis 1515 Augustinerinnenkloster, heute Jugendbildungsstätte des Bistums Trier und Ausflugsziel). Vom Restaurant hat man eine prächtige Aussicht. Anschließend geht es geradeaus steil bergab. Aussicht: links Merl, rechts Briedel, dazwischen der lange Bergrücken des von der Mosel umflossenen Zeller Hamm.

An der Wegespinne auf dem Sattel begeben wir uns rechts auf das leicht aufwärts führende Weinbergsträßchen Richtung Briedel. Auf der gleich folgenden Verzweigung biegen wir nach rechts ein. Anschließend geht es durch den Weinberg zum Moselufer hinunter (1 Std.). Auf der gegenüberliegenden Seite liegt **Briedel** (1230 Einw.), das durch eine hohe Mauer vor Hochwasser geschützt ist. Es geht nun immerzu flussabwärts bis zum Start- und Zielort Alf.

Wir entfernen uns bei der Anlegestelle der Fähre vom Ufer und laufen zwischen Briedel und Kaimt ein Stück oberhalb der Mosel, da der alte Treidelweg nicht benutzt werden darf. Erst am Rande von **Kaimt** – unmittelbar hinter der Brücke – kann man wieder an den Fluss zurückkehren. Es geht nun ein längeres Stück am Kaimter Ufer entlang, auf der anderen Seite zieht sich das Städtchen Zell (4910 Einw.) hin. Darüber erhebt sich der steile Hang der berühmten Weinlage »Zeller Schwarze Katz«.

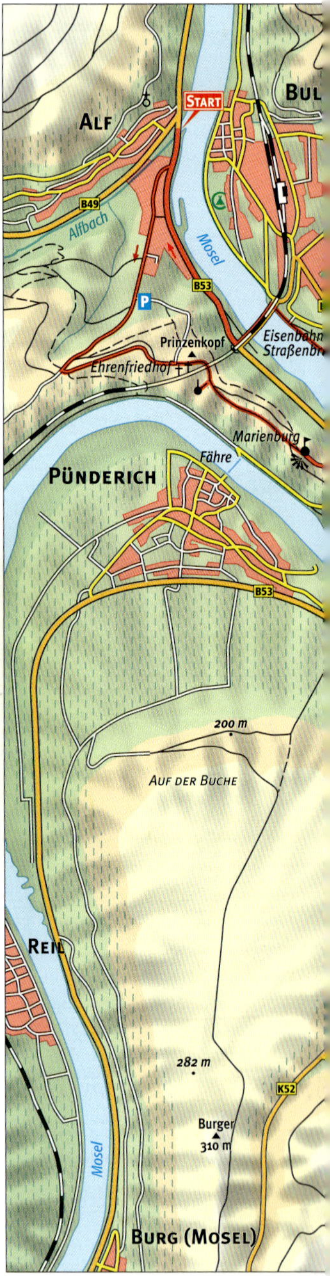

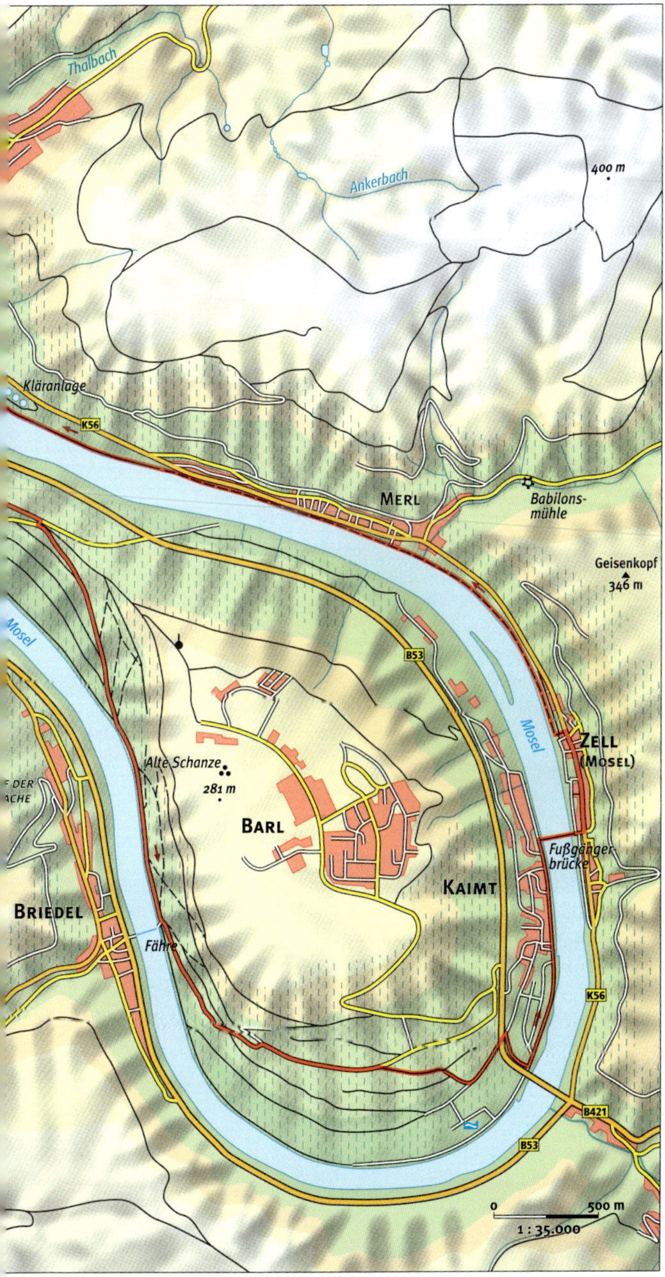
Thalbach
Ankerbach
400 m
Kläranlage
K56
Merl
Babilons-
mühle
Geisenkopf
346 m
Mosel
B53
Zell
(Mosel)
Alte Schanze
281 m
Barl
Fußgänger-
brücke
Kaimt
Briedel
Fähre
K56
B421
B53
0
500 m
1 : 35.000

Die Marienburg

Schließlich geht es auf der einzigen Fußgängerbrücke des Mosellandes nach **Zell** hinüber (1.45 Std.). Wir kreuzen anschließend die Uferstraße und biegen kurz darauf links in die Balduinstraße ein, Zells viel besuchte Hauptstraße. Es lohnt sich, zuvor noch rechts einen Abstecher

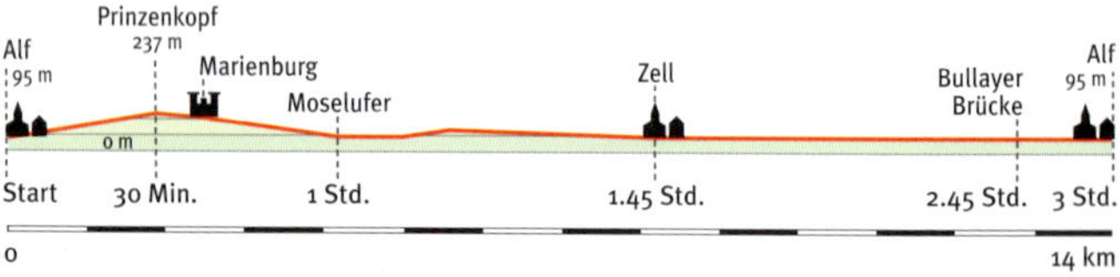

zum Rathaus und Heimatmuseum zu unternehmen (Balduinstr. 44, Tel. 0 65 42/40 31 oder 40 32, 15. Mai–1. Nov. Mi, Sa 15–17 Uhr). In diesem Bereich befinden sich auch die Cafés und Restaurants.

Unsere Route führt dann auf dem ruhigeren Teil der Balduinstraße an den Nordrand des Weinstädtchens. Danach setzt man die Wanderung wieder am Moselufer fort. Bis kurz vor Bullay gehen wir nun auf dem beliebten Moselradweg. Am anderen Ufer begleitet uns der lang gestreckte Bergrücken des Zeller Hamm. Ca. 2 km hinter Zell führt die Route an den schönen Fachwerkhäusern von Merl entlang. Weitere 3 km sind es anschließend bis zur **Bullayer Brücke** (2.45 Std.), wo wir auf das Alfer Ufer überwechseln. Danach geht es noch knapp 1 km auf dem Randstreifen der B 53 flussabwärts zum Startpunkt in **Alf** zurück (3 Std.). Rechts hat man Bullay und das Tal des Neefer Baches im Blick.

Beschauliches Ahringsbachtal

Von Enkirch zur Starkenburger Mühle

Auf dieser kontrastreichen Halbtagestour kommt man durch das idyllische Ahringsbachtal und das Höhendorf Starkenburg. Die verschiedensten Landschaften gilt es auf dem Weg zu genießen: Bachtal, Wald, Höhenrücken, Weinberge – und schöne Aussichten auf Traben-Trarbach und den Mont Royal.

DIE WANDERUNG IN KÜRZE

+ Anspruch

3 Std. Gehzeit

11 km Länge

Charakter: Es gibt eine einzige größere Steigung im Mittelabschnitt.

Wanderkarte: TK 1:25 000 Bernkastel-Kues/Mosel, Hg. Landesvermessungsamt Rheinland-Pfalz

Einkehrmöglichkeiten: Enkirch

Anfahrt: mit dem Auto: von Traben-Trarbach oder Zell auf der B 53 nach Enkirch; **mit öffentlichen Verkehrsmitteln:** von Traben-Trarbach oder Zell/Bullay Buslinie 333 (Moselbahn) nach Enkirch, Moselbahnhof

Enkirch (1860 Einw.) ist ein alter Ort, hier siedelten schon die Kelten, und die Fundamente stammen aus der Römerzeit. Das Fachwerk in der Umgebung der evangelischen Kirche gehört zum schönsten im ganzen Moselland. Es empfiehlt sich eine Schnuppertour durch die Weingasse, die Sponheimer Straße und die Priestergasse. Mehr über die Geschichte dieses alten Weindorfes, das seit 1557 eine evangelische Enklave im katholischen Moselland bildet, erfährt man im Heimatmuseum »Enkircher Heimatstuben« (in der Ratsweinschenke, Weingasse 20, Tel. 0 65 41/92 95 oder 92 65; geöffnet während der Saison Fr 18–19, Sa 17–19, So und Feiertage 11–12 Uhr).

Wir starten im Nordwesten von Enkirch an der **Ecke Zum Herrenberg/Im alten Tal.** Es geht im Tal des Großbaches aufwärts. Nach ca. 800 m überqueren wir den Bach. An der

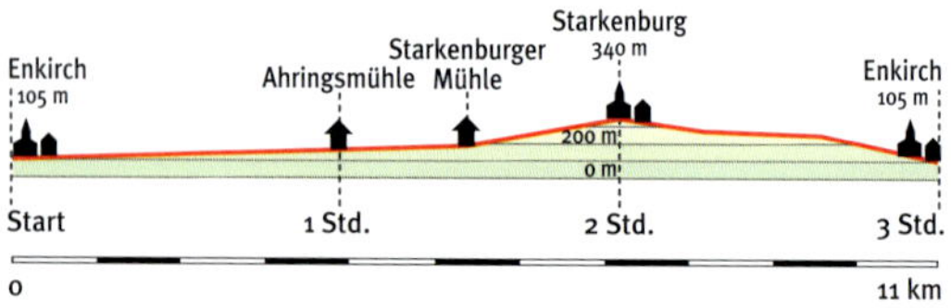

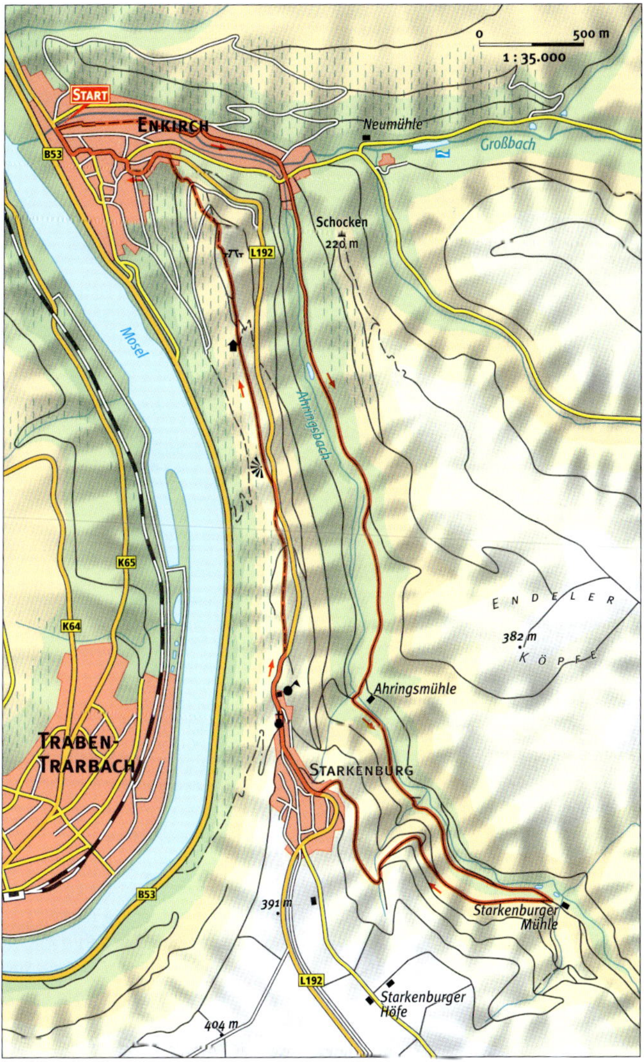

Straße geht es rechts weiter (Bürgersteig). 400 m dahinter überquert man erneut den Großbach. Anschließend gehen wir geradeaus über die Kreuzung in das **Ahringsbachtal.** Noch gut 1 km ziehen sich die Häuser von Enkirch talaufwärts. Danach geht es auf einem schottrigen Weg weiter. Das von Wald umgebene Tal des schmalen Baches ist eng. Wir befinden uns ein längeres Stück zwischen Hecke und Wiese, hoch über dem Tal ist Starkenburg zu sehen.

Es geht dann etwa 300 m durch

Im Dienste der Moselschiffer: die Enkircher Schleuse

Wald. Am Ende der folgenden Wiese biegen wir vor der ehemaligen **Ahringsmühle** (1 Std.) nach rechts ab und überqueren den Bach (Wegweiser: »Starkenburg«, Markierung: E 11). Es geht weiter bachaufwärts, die Route steigt unmerklich. Vor der **Starkenburger Mühle** (heute ein Wochenendhaus) verlassen wir schließlich das idyllische Tal und steigen rechts Richtung Starkenburg auf (Markierung: E 11). Links begleiten uns Fichten, rechts Eichen und Buchen. In einer Rechtskurve ignorieren wir die Abzweigung links und gehen weiter bergauf. Wenn das erste Haus von Starkenburg (260 Einw.) auftaucht, biegt man am Waldrand rechts ab (Schild: »Enkirch«). An der nächsten Verzweigung geht es rechts hoch. An der Einmündung in die Hauptstraße halten wir uns rechts – mit Blick in die Täler von Mosel und Ahringsbach. Es geht dann durch das Höhendorf **Starkenburg** abwärts. Vor der Kirche (2 Std.) lohnt es sich, links 50 m in den Weg hineinzugehen, da sich hier eine atemberaubende Aussicht bietet auf Traben-Trarbach, den Mont Royal und die Staustufe Enkirch.

Man bleibt hinter Starkenburg noch ein Stück auf der Straße, bevor es links auf einen Erdweg geht. Wir sind nun bis Enkirch auf dem Moselhöhenweg (M). Die leidlich markierte Route verläuft zuerst eine lange Strecke (ca. 2 km) in etwa Höhe haltend. Nach ca. 1 km kommt man an einer **Aussichtsplattform** vorbei, von der der Mosellauf von Traben-Trarbach nach Enkirch aus der Vogelperspektive studiert werden kann. Danach wird noch eine **Schutzhütte** passiert, bevor hinter einer großen **Grillhütte** im Eichenwald der steile Abstieg nach Enkirch beginnt. Das letzte Stück führt durch Weinberge – der Blick bleibt auf die Kirche gerichtet. Im Ort geht es via Sponheimer Straße und Wochenmarkt weiter abwärts. Dann mündet die Route in die Straße »Zum Herrenberg«. Start und Ziel **Ecke Zum Herrenberg/Im Alten Tal** (rechts) in **Enkirch** ist nun ganz nahe (3 Std.).

Mont Royal und Kröver Reich

Von Traben nach Kröv

Der Weg von Traben nach Trarbach kann lang sein, wenn man, statt direkt über die Moselbrücke zu gehen, die reizvolle Route durch Weinberge und Wald über den Mont Royal und durch die hübschen Weinorte Kröv und Wolf wählt.

DIE WANDERUNG IN KÜRZE

++ Anspruch

5 Std. Gehzeit

18 km Länge

Charakter: Drei lange Anstiege müssen bewältigt werden, das übrige Terrain ist jedoch leicht.

Wanderkarte: TK 1:25 000 Bernkastel-Kues/Mosel, Hg. Landesvermessungsamt Rheinland-Pfalz

Einkehrmöglichkeiten: Traben-Trarbach, Kröv, Wolf

Anfahrt: mit dem Auto: von Trier oder Bernkastel-Kues auf der B 53 oder von Cochem auf der B 49/B 53 nach Traben; **mit öffentlichen Verkehrsmitteln:** von Bullay Bahnhof Trans-Regio (Privatbahn) nach Traben-Trarbach (Ortsteil Traben) oder von Bernkastel-Kues Buslinie 333 (Moselbahn) nach Traben-Trarbach, Bahnhof

Achtung: Für die **Variante** ist ein wenig Trittsicherheit und Orientierungssinn erforderlich.

Traben-Trarbach (6260 Einw.) ist wie Bernkastel-Kues, Zell und Cochem in den Sommer- und Herbstmonaten sehr stark besucht. Verheerende Brände zerstörten 1857 und 1879 fast den gesamten mittelalterlichen Baubestand. Beim Wiederaufbau kam – überaus großzügig – der damals gerade frisch kreierte Jugendstil zur Anwendung. Für kunsthistorisch interessierte Besucher ist Traben-Trarbach heute daher eine Jugendstilperle. Prachtexemplare dieser Architektur sind: Villa Huesgen, Hotel Bellevue, Villa Nollen, Kurhotel Parkschlösschen und das Brückentor.

Die Wanderung beginnt in **Traben** an der **Ecke Poststraße/Bahnhofstraße.** Man geht in der Poststraße aufwärts. An der nächsten Kreuzung setzt man den Aufstieg rechts neben der evangelischen Peterskirche fort. Oberhalb des Städtchens führt die Route in die Weinberge. Es geht weiter stark bergauf. Von der Höhe hat man an klaren Tagen eine wunderbare Aussicht auf Traben-Trarbach, die Ruine Grevenburg und das Kautenbachtal. Am Waldrand biegen wir schließlich von dem Asphaltsträßchen nach links ab. Die Route, jetzt Erdweg, verläuft dann für lange Zeit ziemlich Höhe haltend. Es geht ein

Stück durch Wald. Dann führt sie an dem kleinen **Flugplatz Traben-Trarbach** (1 Std.) entlang. Auf Höhe des Hauptgebäudes befindet sich links an der einstigen Südwestflanke der zerstörten französischen Festung Mont Royal der **Aussichtspunkt Rabenwerk.**

Es geht dann wieder in den Wald. In diesem Bereich kommt man alsbald an der Ruine des Flankenbollwerks West (mit Ausfallgang) vorbei. Ansonsten ist nicht mehr viel von der 1697 gesprengten riesigen Festung ausfindig zu machen.

Die Route verläuft nach dem Flankenbollwerk West noch ca. 2 km auf der Höhe, bevor man aus dem Wald tritt und auf einem asphaltierten Weinbergsträßchen in langen Schleifen nach Kröv absteigt.

Variante: Wer nicht durch den Ort und über die Bundesstraße laufen möchte, biegt an der Abzweigung nach Kröv links in den Weg nach Wolf ein (beschildert). Nun geht es zunächst ein wenig aufwärts, bevor man auf einem kleinen Pfad zur Moselbrücke hin absteigt. Stellenweise ist dieser sehr schmal, so dass Trittsicherheit erforderlich ist. Die Route ist leidlich markiert, und mit ein wenig Orientierungssinn bahnt man sich den Weg zur Wolfer Brücke.

Kröv (2 Std.; 2500 Einw.) hat eine ausgefallene Geschichte, es war nämlich 775 bis 1790 Hauptstadt eines reichsunmittelbaren Gebietes namens »Kröver Reich«, das lediglich aus sieben Dörfern und dem Kloster Springiersbach bestand. Besonders sehenswert sind das Dreigiebelhaus (Fachwerk-Rathaus aus dem 17. Jh.) und der Echternacher Hof (Weinhof von 1764).

Wir gehen nach Kröv hinein und biegen im Zentrum des hübschen Weinortes hinter dem Rathaus links in die Reisstraße ein, auf der wir nun zur B 53 (im Ortsbereich Moselweinstraße) hinuntergehen. Danach wandern wir auf dem Randstreifen der Bundesstraße moselabwärts zur Brücke nach Wolf.

Wir begeben uns anschließend auf das andere Moselufer. Direkt hinter der Brücke geht es rechts nach **Wolf** (2.30 Std.) hinein – ein schöner, gemütlicher Ort, der nicht von Durchgangsverkehr belastet ist. Wir wandern geradeaus bis hinter die Kirche und halten uns dann links. Anschließend geht es geradewegs zu den Weinbergen hinauf. Oberhalb des Ortes halten wir uns rechts. Die Route verläuft dann annähernd hangparallel bis auf die Höhe von Kröv. Hier wendet man sich nach links und steigt nun zur **Ruine des Wolfer Klosters** auf (3 Std.).

Nachdem man den Turm bestiegen und die schöne Aussicht genossen hat, geht es auf dem Moselhöhenweg (M), dem wir nun bis Trarbach folgen, durch die Rebfelder des sanften Wolfer Gleithanges abwärts. Die Route führt zum Mühlenbach hinunter, an dem es dann ca. 150 m abwärts geht, bevor man rechts in die breite Teerstraße K 102 einbiegt.

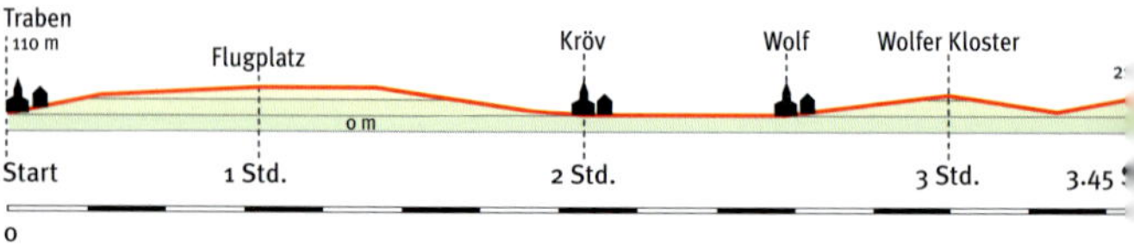

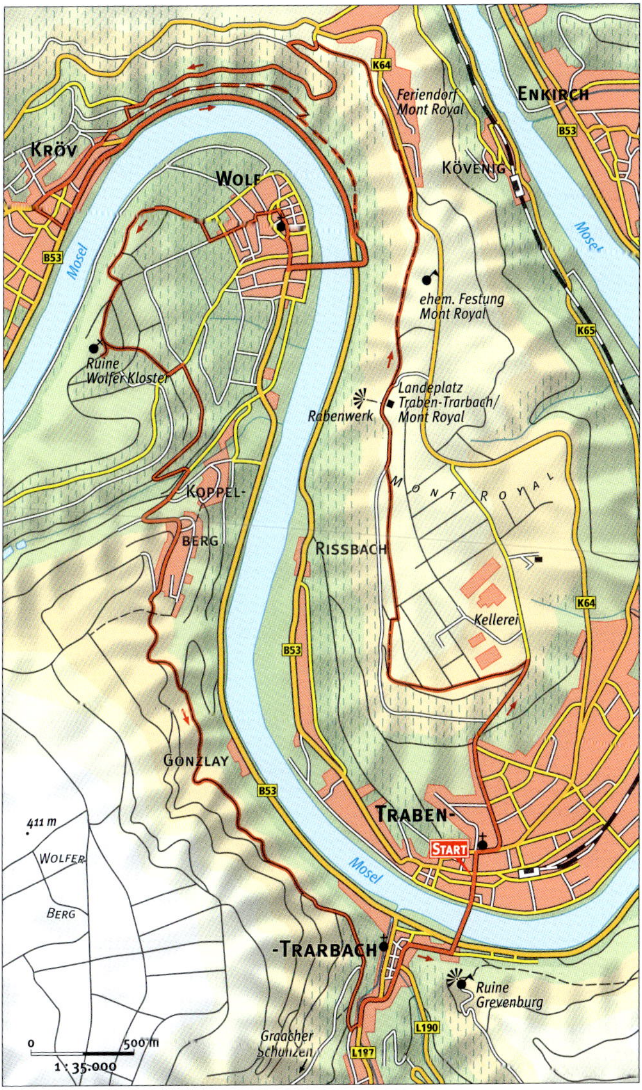

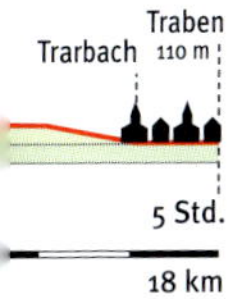

Es beginnt nun ein langer starker Anstieg. Nach ca. 400 m geht man links in die Straße »Koppelberg«, die uns durch das Wolfer Neubauviertel Koppelberg zum Wald hinauf leitet (3.45 Std.).

Über Traben erhebt sich der Mont Royal

Danach verläuft der Moselhöhenweg abwechselnd leicht auf und ab, aber im Großen und Ganzen doch die Höhe haltend, bis kurz vor Trarbach durch Hochwald. Anschließend geht es ziemlich steil zu dem kleinen Moselstädtchen hinab. Kurz vor dem Ortsrand vereinigt sich unser Weg mit der populären Wanderroute Bernkastel–Trarbach (4.30 Std.), die von den Graacher Schanzen herunterkommt. Via Wildbadstraße, Weihertorplatz, Weiherstraße, Moselstraße und Brückenstraße gelangen wir auf einem gemütlichen Stadtbummel zum **Trarbacher Moselufer.** Zum Schluss passiert man noch das eindrucksvolle Jugendstil-Brückentor und schlendert auf der Moselbrücke nach **Traben** hinüber (5 Std.).

Mont Royal und Mont National

Auf dem breiten Plateau des Trabener Mont Royal wurde 1687–1697

unter Regie von Vauban, dem bekannten Festungsbaumeister des französischen Sonnenkönigs Ludwig XIV., eine riesige Festung erbaut. Von hier sollte die zur natürlichen Grenze Frankreichs erklärte Rheinlinie verteidigt werden. 40 000 Mann sollten in diesem 5 km langen Kriegsbauwerk, das mit 155 weit reichenden Geschützen versehen war, Unterkunft finden. In den Kellern unter den Kasematten wurden große Vorräte an Wein, Getreide und Schießpulver eingelagert. Doch als die Anlage, die von 8000 moselländischen Zwangsarbeitern errichtet wurde, weitgehend fertig gestellt war, wurde der französische Monarch 1697 auf der Friedenskonferenz von Rijswijk gezwungen, sich aus dem Rheinland zurückzuziehen und die Festung Mont Royal zu schleifen. Statt für kriegerische Aktionen mussten die riesigen Mengen Pulver nun dazu verwandt werden, das gewaltige Bauwerk zu sprengen. Die Ruinen wurden von den Einheimischen in der Folgezeit als Baumaterial abtransportiert, so dass man heute nur noch ganz wenige Reste in dem von Bäumen und Sträuchern überwachsenen Gelände ausfindig machen kann. Umfangreiche archäologische Forschungen zwischen 1925 und 1935 zeigten aber, dass unter dem Gelände noch das ausgedehnte System der Gänge und Kasematten besteht.

Gut hundert Jahre nach Vauban wurde unter Napoleon auf dem gegenüberliegenden Bernkasteler Plateau, dem Mont National, noch einmal von Franzosen eine militärische Großanlage errichtet: dieses Mal ein Schanzwerk aus Erdwällen, in dem 100 000 Soldaten untergebracht werden konnten. Ein Teil dieser Erdwälle – auch Graacher Schanzen genannt – existiert noch, ist aber im Laufe der Zeit flacher geworden.

Tour 23

Panoramawege und Sonnenuhren

Rund um Zeltingen

Man absolviert auf dieser überaus aussichtsreichen Wanderung zweimal den landschaftlich schönen Flussabschnitt Zeltingen–Ürzig: zuerst auf dem Kamm des steilen Prallhanges um Ürzig, dann auf dem sanften Gleithang zwischen Lösnich und Zeltingen.

DIE WANDERUNG IN KÜRZE

++ Anspruch

5 Std. Gehzeit

18 km Länge

Charakter: Auf dieser Wanderung gibt es zwei 1–2 km lange Steigungen, ansonsten zwei lange Abstiege sowie lange weitgehend flache Abschnitte.

Wanderkarte: TK 1:25 000 Bernkastel-Kues/Mosel, Hg. Landesvermessungsamt Rheinland-Pfalz

Einkehrmöglichkeiten: Zeltingen, Kloster Machern, Ürzig, Lösnich

Anfahrt: mit dem Auto: von Trier/Bernkastel-Kues oder Traben-Trarbach auf der B 53 oder von der Ausfahrt Wittlich der A 1 via B 50 und E 42 nach Zeltingen; **mit öffentlichen Verkehrsmitteln:** von Bernkastel-Kues oder Traben-Trarbach Buslinie 333 (Moselbahn) nach Zeltingen, Kreissparkasse

Zeltingen war wie die Nachbargemeinde Rachtig, mit der es heute die Verbandsgemeinde Zeltingen-Rachtig (2500 Einw.) bildet, bis 1802 fast 1000 Jahre in kurkölnischem Besitz. An jene Zeit erinnern noch das alte kurkölnische Amtsgebäude, das heutige Pfarrhaus, die Ruine der Rosenburg und Weinlagen, die Namen von Kölner Kirchen tragen. Zeltingens Sehenswürdigkeiten sind: der mittelalterliche Marktplatz, Fachwerkhäuser und alte Weinhöfe, die Rosenburgruine und die Sonnenuhr im Weinberg.

Wir starten in Zeltingen an der **Ecke Fährstraße/Uferstraße.** Es geht zum Moselufer hinüber und anschließend auf dem Radweg flussabwärts. Dabei hat man einen schönen Blick auf die Häuserzeile entlang der Uferstraße, vorwiegend Lokale, Hotels und Weinhöfe. Dann geht es über die Brücke. Direkt dahinter steigen wir zum Sportplatz hinab und wandern an seiner Süd-

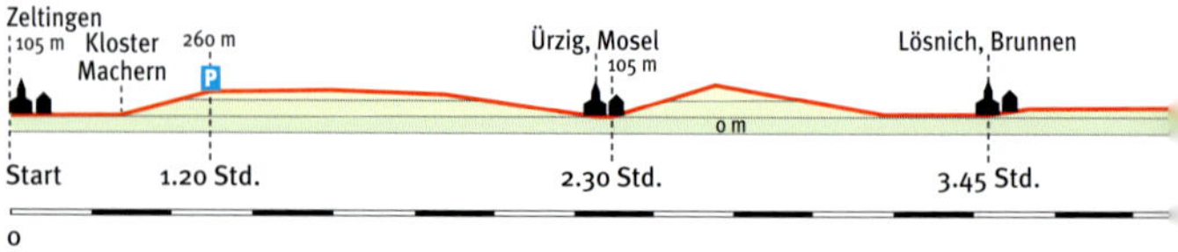

seite entlang. Die Route führt anschließend auf einem Weg Richtung **Kloster Machern** (ehemals Zisterzienserinnen-Kloster, heute Restaurant und Konzertsaal). Vor Letzterem gehen wir links in das Teersträßchen. Es beginnt ein langer Aufstieg. Oberhalb des Klosters biegen wir rechts ein und steigen nun in mehreren Serpentinen in den Weinbergen aufwärts – zuerst auf einem Teersträßchen, dann auf einem Schotterweg. Man genießt die Aussicht auf Ürzig, Rachtig, Zeltingen, die Staustufe Zeltingen, Graach und die Graacher Schäferei. An der vierten Kehre halten wir uns rechts – weiter aufwärts. Es geht ein kurzes Stück durch Wald. Am Rand der Eifel-Hochfläche angekommen, wenden wir uns an der Verzweigung nach rechts (1.15 Std.). Man befindet sich jetzt auf dem Moselhöhenweg. Wir biegen danach kurz hintereinander zweimal ab, erst links, dann rechts – weiter aufwärts. Kurz darauf ist man auf der Höhe. Es geht nun geradeaus. Auf der Wegespinne am **Parkplatz** (1.20 Std.) verlassen wir rechts den Moselhöhenweg und orientieren uns an der Markierung Z 15. Jetzt folgt ein längeres Stück oberhalb eines Weinberges. Man hat hier einen wunderbaren Ausblick: Links liegt Ürzig, Erden, rechts Graach und Wehlen, dazwischen Zeltingen-Rachtig. Sogar auf die Hochfläche über dem Gleithang kann man schauen.

Gut 1 km hinter dem Parkplatz geht es links in den Wald und aufwärts zu einem Holzkreuz mit Kruzi-

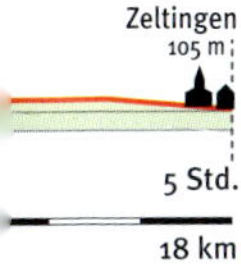

Kreuzwegstation in den Zeltinger Weinbergen

fix, wo man nach rechts schwenkend zum Moselhöhenweg zurückkehrt. Kurz dahinter geht es nochmals nach rechts (Schild: u. a. »Ürzig«).

Die Route hält nun über einen Kilometer in etwa die Höhe. Es wird ein breiter Weg gekreuzt und bald darauf eine Abzweigung ignoriert. Es geht geradeaus an dem **Wasserhäuschen** vorbei. Kurz dahinter beginnt der lange Abstieg zur L 55. Man durchquert zunächst noch ein Neubauviertel, bevor der Moselhöhenweg (zuletzt Teerstraße) in diese Straße mündet. Es geht nach rechts. Bald darauf mündet die L 55 in die L 56.

Letztere bringt uns anschließend in vier Kehren zur Ortsmitte von **Ürzig** (1000 Einw.) hinunter. Beim Abstieg hat man den Moselabschnitt von Rachtig (rechts) bis Erden (links) im Blick. Im Ort (2.30 Std.) biegen wir vor der Kirche in die Abzweigung links ein und gehen über den Rathausplatz und die Schanzstraße zur Moseluferstraße hinunter, die parallel zur B 53 verläuft. Es geht gut 200 m flussabwärts und dann links in die Zehnthofstraße. Nachdem wir den Friedhof passiert haben, beginnt ein steiler,

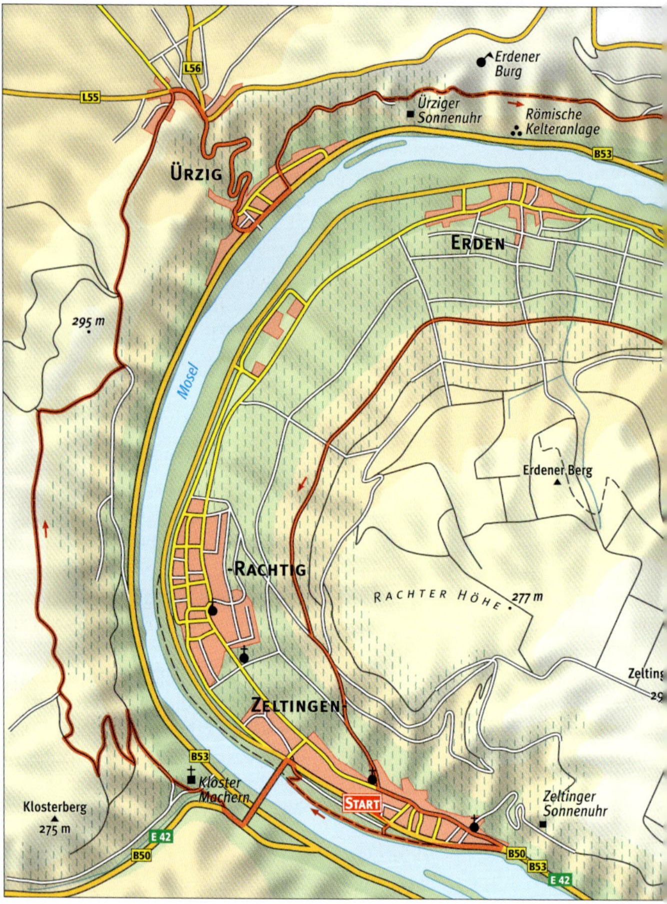

ca. 700 m langer Aufstieg durch die bekannte Weinlage »Ürziger Domgarten«. Von der Höhe hat man eine schöne Aussicht auf den Moselabschnitt von Rachtig bis Lösnich.

Auf den nächsten 350 m geht es ein wenig ab und auf. Hinter einem schmalen Waldstreifen biegen wir links in den Wald ein (Markierung: weißer Streifen am Baum). Auf schmalem Pfad geht es nun auf 300 m in engen Serpentinen steil aufwärts. An der Gabel nach 100 m halten wir uns rechts (Schild: »Erden, Lösnich«). Von der Höhe erfolgt übergangslos der steile Abstieg Richtung Kinheim – viele Sträucher und niedriges Gehölz stehen dicht am Weg. Hinter einer Treppe halten wir uns links (Markierung: weißer Streifen am Baum). Schließlich geht es in die Weinbergflur hinaus. Dort folgen wir einem Sträßchen (erst Schotter, dann Teer) in mehreren Kehren zur **Lösnicher Moselbrücke** hinunter. Auf dem Abstieg sind von

links nach rechts Lösnich, Erden und Rachtig zu sehen.

Wir überqueren den Fluss und gehen links auf der K 66 nach **Lösnich** (420 Einw.) hinein. Ein ganzes Stück hinter der Kirche biegt man schließlich hinter dem Brunnen »Kluckert-Quelle« von der Hauptstraße rechts in die Straße »Zum Burgberg« ein (3.45 Std.). Es geht dann ca. 500 m leicht bergauf bis zu einer Kreuzung, wo die Wanderroute rechts abzweigt und wir der Markierung Z 11 folgen. Der Blick reicht hier von Lösnich bis Kindel und Kinheim.

Wir wandern dann bis Zeltingen immer auf dem **Panoramaweg der Radwanderer,** der hinreichend ausgeschildert ist (Schild: »Panoramaweg«, Markierung Z 11). Er führt annähernd hangparallel (abwechselnd leicht bergab und bergauf) über den ausgedehnten Gleithang, der überwiegend von Reben bedeckt ist. Allerdings handelt es sich nicht um Monokultur, da hier auch Felder mit Getreide, Kartoffeln und Kürbissen sowie Wiesen zu finden sind. Am gegenüberliegenden Ufer begleitet uns bis Zeltingen der riesige Prallhang-Weinberg, der auf der Höhe bewaldet ist. Diese Wälder haben wie überall an der Mosel die Aufgabe, den Zufluss von Kaltluft aus den benachbarten Mittelgebirgen zu verhindern. Andernfalls müssten im Frühjahr und Herbst die Rebstöcke erfrieren.

Kurz vor Ürzig besitzt dieser Prallhang gewaltige Felsen. Hier ist auch die **Ürziger Sonnenuhr** zu sehen. Auf der Höhe von Kloster Machern geht es von der Kreuzung rechts nach **Zeltingen** hinunter. Wir gelangen über den Bergweg in die Weingartenstraße, auf der wir uns links halten. Es geht dann via Weingartenstraße, Fürstenstraße, Marktplatz und Burgenstraße zum östlichen Ortsausgang (Richtung Graach). Hier biegen wir rechts in die Uferallee (Teil der B 53) ein. Hoch oben im Weinberg ist die **Zeltinger Sonnenuhr** zu sehen. Die Flussszenerie wird von der Mosel-Staustufe Zeltingen dominiert.

Anschließend geht es auf der geschäftigen Uferallee an Restaurants, Winzerhäusern etc. vorbei zum Ausgangspunkt **Ecke Fährstraße/Uferstraße** (5 Std.).

Tour 24

Olymp und Burgruine

Von Bernkastel nach Monzelfeld

Die Tour führt in das Hunsrückdorf Monzelfeld hinauf. Sie kombiniert allerlei landschaftliche Reize und kulturelle Sehenswürdigkeiten in und rund um Bernkastel.

DIE WANDERUNG IN KÜRZE

+ Anspruch

2.30 Std. Gehzeit

9 km Länge

Charakter: Erste Hälfte Aufstieg, zweite Hälfte Abstieg (einmal unterbrochen durch eine 700 m lange Steigung), beides ist zumeist nicht allzu steil.

Wanderkarte: TK 1:25 000 Bernkastel-Kues/Mosel, Hg. Landesvermessungsamt Rheinland-Pfalz

Einkehrmöglichkeiten: Bernkastel, Monzelfeld

Anfahrt: mit dem Auto: von Trier oder Traben-Trarbach auf der B 53 nach Bernkastel; **mit öffentlichen Verkehrsmitteln:** von Trier Hbf. oder Traben-Trarbach Buslinie 333 (Moselbahn) nach Bernkastel, Busbahnhof

Wie in Traben-Trarbach ist in dem Bindestrich-Städtchen **Bernkastel-Kues** (8000 Einw.) der eine Ortsteil auf Gleithang (Kues, links), der andere unter Prallhang (Bernkastel, rechts) angelegt – auch hier verbindet eine Brücke.

In **Bernkastel** ist der Stadtkern noch in seiner ursprünglichen Gestalt erhalten. Der von großen Touristenscharen besuchte Marktplatz ist von 400 Jahre alten Fachwerkhäusern umgeben. Oberhalb von Bernkastel gedeihen die weltbekannten Rieslingweine »Bernkasteler Doctor« und »Badstube«.

Wir starten am **Marktplatz** von Bernkastel. Es geht hinunter zum Moselufer. Dort folgen wir auf dem Bürgersteig der stark befahrenen B 53 ein kurzes Stück flussaufwärts. Dann biegt man links Richtung Burg Landshut ein (ausgeschildert). Es beginnt der lange Anstieg nach Monzelfeld. In der nächsten Linkskurve biegen wir nach rechts ab in den Wald. Wir orientieren uns nun für längere Zeit an der Markierung H.

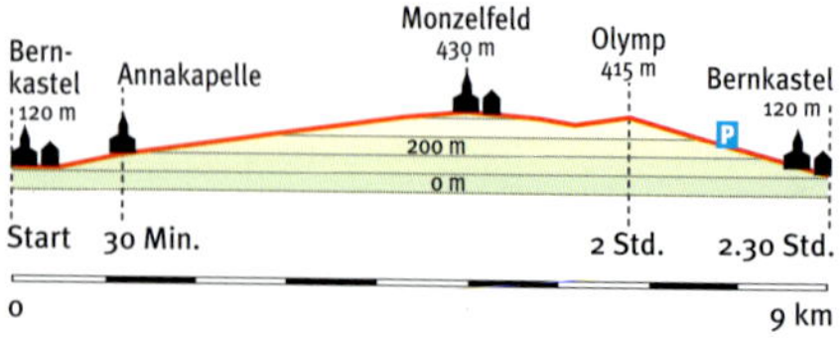

Auf der gleich folgenden Kreuzung hält man sich links – weiter aufwärts. Hier steht ein alter Riesenlebensbaum. Kurz danach geht es links an der **Annakapelle** (30 Min.) vorbei, an deren Eingang eine fast 400 Jahre alte Sommerlinde steht. 500 m hinter der Kapelle verläuft der Wanderweg für kurze Zeit in einem offenen Waldstück. Hier hat man einen Blick ins Moseltal bis Lieser.

Bald darauf mündet die Route in einen Weg, es geht rechts weiter (Markierung: H, Schild: »Wilhelmshöhe«). Man überquert dann unterhalb von einem Felsen ein Bächlein. Die beiden nächsten Abzweigungen werden ignoriert. Auf der Einmündung ca. 1 km hinter dem Felsen halten wir uns rechts. Es steigt jetzt nur noch ganz leicht. Ca. 250 m weiter ist man erneut in einer Einmündung. Hier hält man sich links (Markierung: H, Schild: »Monzelfeld«). Kurz bevor die Route ins Hinterland verschwindet, bietet sich noch ein fantastischer Ausblick auf die Burgruine Landshut und Bernkastel. Bald darauf treten wir in die **Flur von Monzelfeld** ein. Die Route trifft am Waldrand auf ein Sträßchen (gleichzeitig Moselhöhenweg). Nun beginnt der Aufstieg zum gut 1 km entfernten Hunsrückweiler, ein ansehnliches Dorf, das einen Mix aus neuer und alter Architektur bietet.

Auf der Hunsrückhöhe ist es frischer und klarer als im milden, stets ein wenig diesigen Moseltal, dessen Jahrestemperatur um ca. 4 Grad Celsius höher ist als in Eifel und Hunsrück. Auf den Höhen des Mittelgebirges sucht man natürlich auch vergeblich nach der teilweise mediterranen Flora und Fauna des Moseltals, dem Weinbergpfirsich, den Esskastanien, dem Oleander oder dem Apollofalter.

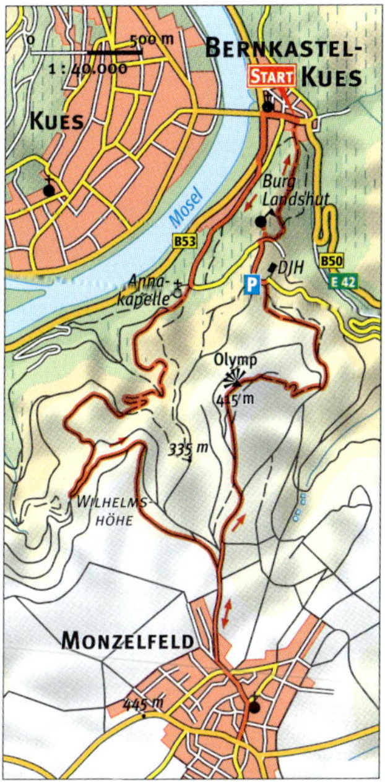

Nach einem Bummel durch **Monzelfeld** (1.15 Std.) gehen wir auf der vom Hinweg bekannten Route Richtung Bernkastel abwärts. Nach ca. 1 km hält man sich jetzt aber geradeaus. Es geht weiter bergab (Schild: »Burg Landshut«), unsere Route ist bis zur Burgruine Landshut mit dem Moselhöhenweg (M) identisch. Sie führt durch Wald. Ca. 300 m weiter geht es an der Gabel nach links (M, Schild: u. a. »Olymp«). Es folgt der ca. 700 m lange Aufstieg auf Bernkastels höchsten Berg, den **Olymp** (415 m; 2 Std.). Dort erwarten uns Fernmeldeeinrichtungen und eine schöne Aussicht auf Moseltal, Kues, Graach, Graacher Schäferei, Hunsrückhochfläche.

Wir steigen nun dem M folgend nach Bernkastel ab. Nach ca. 1 km passieren wir die Jugendherberge und erreichen einen Parkplatz. Auf

Am Marktplatz von Bernkastel

der linken Seite geht es weiter abwärts. 400 m dahinter tritt man aus dem Wald und steht fast direkt vor der **Burgruine Landshut,** die einen kurzen Abstecher wert ist.

Wir gehen rechts von der Burgruine auf einem Sträßchen, das später in Treppen übergeht, nach Bernkastel hinunter. Auf der rechten Seite blickt man lange in das enge Tiefenbachtal. Wir landen schließlich direkt auf dem **Marktplatz von Bernkastel** (2.30 Std.), dem Ausgangspunkt unserer Tour.

Bernkasteler Doctor: Der Wein und die Gesundheit

Anno 1360 litt der Trierer Kurfürst und Erzbischof Boemund II. an einer schweren Krankheit. Nachdem sich allerlei Ärzte vergebens um den Patienten bemüht hatten, begann die Hoffnung allmählich zu schwinden. Just zu diesem Zeitpunkt tauchte ein alter Kampfgefährte mit einem Fässchen Wein auf dem Rücken auf der Burg Landshut auf, auf der sich der Kurfürst gerade aufhielt, und empfahl ein Gläschen davon als Medizin. Das Getränk erwies sich als bekömmlich und heilkräftig. In den nächsten Tagen folgten viele weitere Gläschen – schließlich war der unheilbare Kranke wieder gesund. Und woher kam dieser Zaubertrank? Nun, er stammte aus einem nahen Weinberg oberhalb von Bernkastel. Fortan hieß dieser Wein Bernkasteler Doctor, nachdem der Trierer Kurfürst höchstpersönlich ihm diesen Namen verliehen hatte.

Diese kurze Geschichte – ganz gleich ob Legende oder wirkliche Begebenheit – erinnert daran, dass Wein lange Zeit auch als Heilmittel eingesetzt wurde. Das geriet dann in breiten Bevölkerungsschichten etwas in Vergessenheit. In jüngster Zeit beginnt man sich wieder darauf zu besinnen.

Graacher Schanzen, Kueser Plateau

Von Kues über Graach und Wehlen nach Lieser

Dieses Pendant zu Tour 24 rund um Bernkastel ist erheblich länger und landschaftlich noch vielfältiger: Man durchstreift Wald, Weinberge, Streuobstwiesen, die vier Weindörfer Graacher Schäferei, Graach, Wehlen und Lieser und das Städtchen Bernkastel-Kues.

DIE WANDERUNG IN KÜRZE

++ Anspruch

5 Std. Gehzeit

21 km Länge

Charakter: Auf dieser ausgedehnten Tour sind drei lange Anstiege zu bewältigen.

Wanderkarte: TK 1:25 000 Bernkastel-Kues/Mosel, Hg. Landesvermessungsamt Rheinland-Pfalz

Einkehrmöglichkeiten: Bernkastel-Kues, Gasthaus Waldesruhe, Graacher Schäferei, Graach, Wehlen, Lieser

Anfahrt: mit dem Auto: von Trier oder Traben-Trarbach auf der B 53; **mit öffentlichen Verkehrsmitteln:** von Trier Hbf. oder Traben-Trarbach Buslinie 333 (Moselbahn) nach Kues, RWE

Das Erscheinungsbild von Ortsteilen auf Gleithang ist gemeinhin weniger spektakulär. Dies gilt auch im Falle von Bernkastel-Kues. Im Gegensatz zur Schwestergemeinde wird **Kues** lediglich in einem kleinen Teil vom Tourismus berührt. Haupt- und häufig einziges Ziel ist das Cusanusstift (Nikolaushospital), das im Spätmittelalter von dem in Kues geborenen Theologen, Universalgelehrten und Kardinal Nicolaus Cusanus (1401–1464) gegründet wurde. In dem ausgedehnten Gebäudekomplex verdienen besondere Aufmerksamkeit der stilvolle Kreuzgang, die kleine kompakte Kapelle (1465, Kleinod spätgotischer Baukunst) und die ehemalige Privatbibliothek von Nicolaus Cusanus (mit zahlreichen Handschriften aus dem 9.–15. Jh.). In Kellern und ehemaligen Wirtschaftsgebäuden sind ein Weinmuseum und eine Vinothek eingerichtet.

Wir beginnen die Rundwanderung am **Kueser Ufer der Moselbrücke.** Es geht nach Bernkastel hinüber. Dort setzen wir den Weg geradeaus fort bis auf den Marktplatz. An dessen linkem oberen Ende geht es links in eine Gasse, die in die Graacher Straße mündet. Diese endet am **Graacher Tor,** durch das wir in die Weinberge eintreten. Es beginnt nun der lange steile Anstieg auf dem Moselhöhenweg (M) zu den Graacher Schanzen. Dank der Markierung fällt die Orientierung leicht. Es ergeben sich faszinierende Ausblicke auf Bernkastel. Nach ca. 2 km geht es in

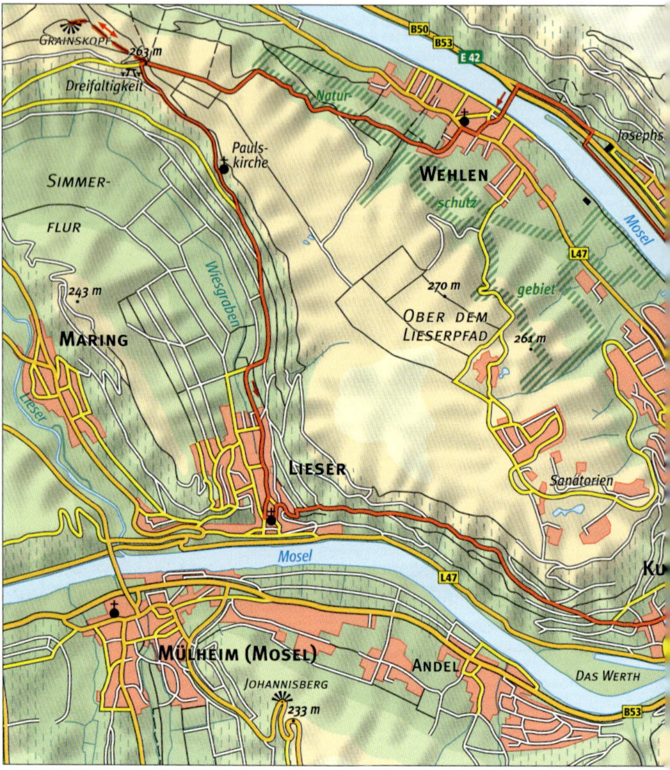

den Wald. Hier befindet sich linker Hand das Ausflugslokal **Gasthaus Waldesruhe** (30 Min.).

An die Stelle des Teersträßchens tritt jetzt ein Waldweg. Es geht weiterhin steil bergauf – bis zur Kreuzung am Ostrand der **Graacher Schanzen,** wo wir den Wald verlassen (45 Min.).

Wir wenden uns mit dem Moselhöhenweg nach links. Auf den nächsten 2,5 km hält die Route, ein breiter Weg, in etwa die Höhe, es geht am Rande ausgedehnter Wiesen entlang. Dann biegen wir links Richtung Graacher Schäferei ab. Zunächst geht es noch durch einen Waldstreifen, bevor man in die ausgedehnten Weinberge von Graach eintritt. Immer geradeaus führt uns das Weinbergsträßchen direkt in das Zentrum des kleinen Höhendorfes

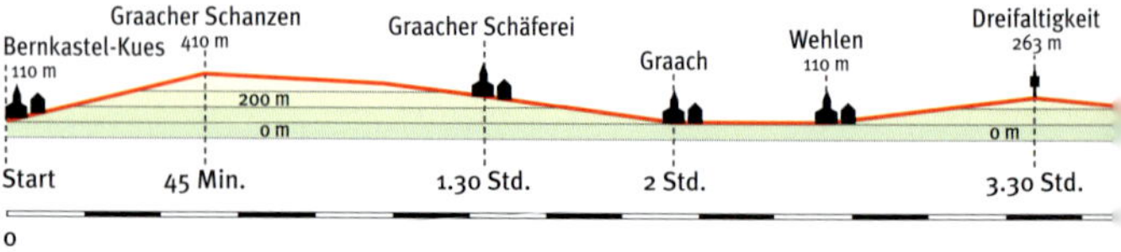

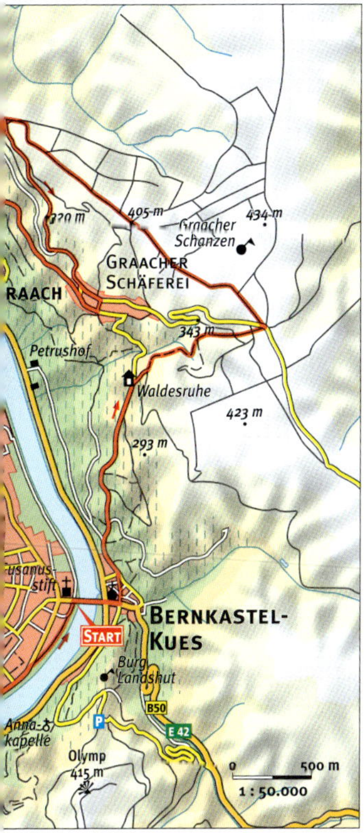

Graacher Schäferei (1.30 Std.). Beim Hotel Panorama wenden wir uns nach rechts und setzen den Abstieg auf der Straße nach **Graach** (790 Einw.) fort. Man erreicht diesen alten Weinort nahe der Kirche (2 Std.). Wir biegen links in die Hauptstraße ein. Nach ca. 150 m geht es rechts zum Moselradweg hinunter. Wir wandern nun ein längeres Stück flussabwärts, bevor auf der mächtigen Hängebrücke nach **Wehlen** übergewechselt wird. Wir gehen hier ziemlich geradeaus zur stark befahrenen L 47 hinauf. Dieser folgen wir das kurze Stück bis zur Kirche, wo wir links abbiegen. Es geht nun auf einem Teersträßchen stetig bergauf Richtung Dreifaltigkeit (ausgeschildert). Über einen längeren Abschnitt begleiten uns ausgedehnte Streuobstwiesen. Es folgt ein längeres Stück durch Wald. Dann geht es ganz kurz durch Flur und wieder in den Wald, und wir befinden uns auf der Höhe. Durch Fichtenwald erreichen wir alsbald die **Dreifaltigkeit,** einen markanten Bildstock vor einer großen Grillhütte (3.30 Std.).

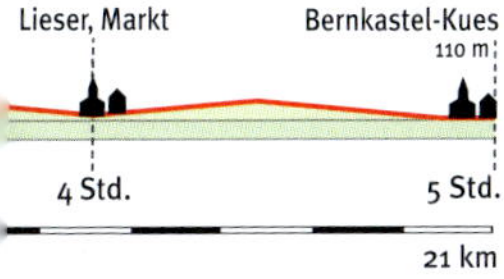

Variante: Es lohnt sich, den kurzen Abstecher zu dem ca. 800 m entfernten **Aussichtsturm auf dem Grainskopf** (328 m) zu unternehmen, denn der Rundblick ist hervorragend. Er reicht vom Moseltal im Norden bis zu den Tälern von Wiesgraben und Lieser im Süden und Westen.

Auf der Wegespinne an der Dreifaltigkeit geht es geradeaus Richtung Lieser weiter. Sobald wir in die nahen Weinberge hinaustreten, wenden wir uns nach links und gehen auf einem Weinbergsträßchen geradeaus zum ca. 2,5 km entfernten Moselort Lieser hinunter. Kurz darauf passieren wir die alte **Paulskirche,** eine ehemalige Wallfahrtskirche (verschlossen). Dann begleiten uns bis fast zum Ortsrand die Stationen eines Kreuzweges. Anschließend geht es immer geradeaus ein längeres Stück in **Lieser** (1190 Einw.) abwärts.

Vom Markt (4 Std.) leitet uns der Moselhöhenweg (M) durch eine schmale Gasse und über steile Trep-

Dreifaltigkeit

pen zur Kirche hinauf und daran vorbei. Dann geht es am Friedhof entlang und rechts dahinter die Kirchstraße hoch. Von dieser biegt man rechts ab. An der nächsten Verzweigung geht es links in die Weinberge – nun immer geradeaus aufsteigend (Schild: »Weinort Kues«).

Ca. 800 m weiter wird die Abzweigung ignoriert, während man an der langen Betonwand entlang bergauf geht.

Nach ca. 500 m sind wir oben. Dann hält man kurz die Höhe. Auf der folgenden Verzweigung geht es nach rechts (Schild: »Weinort Kues«) – nun erst leicht, dann stärker abwärts, rechts unten Andel im Blick. Auch auf der nächsten Gabel hält man sich rechts, weiter bergab. Jetzt befindet sich die Route auf einem Weinlehrpfad. Kurz vor Kues hat man einen feinen Blick auf die Burgruine Landshut hoch über Bernkastel. Wir verlassen schließlich die Weinberge. In Kues geht es immer durch die Weingartenstraße abwärts. Kurz vor ihrem Ende biegen wir rechts in die Balduinstraße ein. Diese führt uns geradewegs zum Moselufer hinunter. Kurz vor dem Fluss wird die L 47 gekreuzt. Zum Schluss wandert man noch 1 km auf Fußgängerweg moselabwärts. Auf dem Weg zum Ausgangspunkt an der **Bernkastel-Kueser Moselbrücke** genießt man den Blick auf Bernkastel, die Burgruine und das betriebsame Treiben auf dem Fluss (5 Std.).

Streuobstwiesen

Früher wurde im Moseltal auch viel Obst angebaut. Fast alle Dörfer waren von Streuobstwiesen umgeben, in denen Äpfel, Kirschen und Birnen gediehen. Heute nimmt die Monokultur Wein auch diese Flächen ein. In manchen Moselorten existieren aber noch Restbestände, ausgedehnte Streuobstwiesen wie in Wehlen sind dagegen selten.

Durch ihr Schwinden wird die Kulturlandschaft nicht nur optisch ärmer, es geht auch einer Reihe von Pflanzen und Tieren der Lebensraum verloren. Diese Wiesen, die lediglich ein- bis zweimal pro Jahr gemäht und weder durch Dünger noch durch Pflanzenschutz belastet werden, sind nämlich Lebensraum vieler spezialisierter Tier- und Pflanzenarten.

Bei einer Wanderung durch Streuobstwiesen kann man bei etwas Glück den Steinkauz, den Gartenrotschwanz, den Wendehals und den Grünspecht zu Gesicht bekommen.

Einsames Hinterbachtal

Von Mülheim nach Annenberg

Die Tour führt durch das idyllische Veldenztal ins Hinterland von Mülheim. Bauhistorische Zugaben sind die römische Badeanlage in Veldenz und die mächtige Ruine Schloss Veldenz.

DIE WANDERUNG IN KÜRZE

++ Anspruch

4.30 Std. Gehzeit

22 km Länge

Charakter: Trotz des langen Aufstiegs im mittleren Teil ist diese ausgedehnte Tour einfach zu gehen. Anstrengender wird es allerdings, wenn der Abstecher zur Burgruine Veldenz hinzukommt!

Wanderkarte: TK 1:25 000 Bernkastel-Kues/Mosel, Hg. Landesvermessungsamt Rheinland-Pfalz

Einkehrmöglichkeiten: Mülheim, Veldenz, Thielenmühle

Anfahrt: mit dem Auto: von Trier oder Bernkastel B 53 nach Mülheim; **mit öffentlichen Verkehrsmitteln:** von Trier Hbf. oder Bernkastel-Kues Buslinie 333 (Moselbahn) nach Mülheim, Ort

Mülheim (900 Einw.) ist ein ziemlich betriebsamer Ort. Obwohl dieses stattliche Weindorf sehr alt und bedeutend ist, ist die Zahl der kunsthistorisch interessanten Bauwerke eher klein. Bemerkenswert sind die Pfarrkirche mit dem Turm aus dem 13. Jh. (beherbergt um 1720 entstandene Ölgemälde) sowie verschiedene Barockhäuser.

Mülheim bildet mit den Nachbarorten Brauneberg, Andel und Veldenz seit 1523 eine evangelische Enklave im katholischen Moselland.

Der Start erfolgt in Mülheim an der **Ecke Hauptstraße/Marktstraße.** Wir orientieren uns an dem Schild »Radweg Veldenz«. Es geht zunächst – noch im Ortsbereich – ca. 200 m geradeaus. Dann wenden wir uns nach links und überqueren kurz danach den **Veldenzer Bach.** In der Folgezeit verläuft die Wanderroute (zugleich Radweg, Schotter) bis kurz vor Veldenz zumeist in der Nähe dieses quicklebendigen Gewässers, das von üppiger Pflanzenwelt umgeben ist. Hohe Weiden dominieren das Bild.

Kurz vor **Veldenz** (1000 Einw.) verlassen wir an einem Brückchen den Bach nach links und wandern ein Stück am Weinberg entlang. Es geht links am Sportplatz vorbei. Vor der Kirche halten wir uns rechts, überqueren den Veldenzer Bach und steuern geradeaus auf die Hauptstraße zu. Auf der T-förmigen Mün-

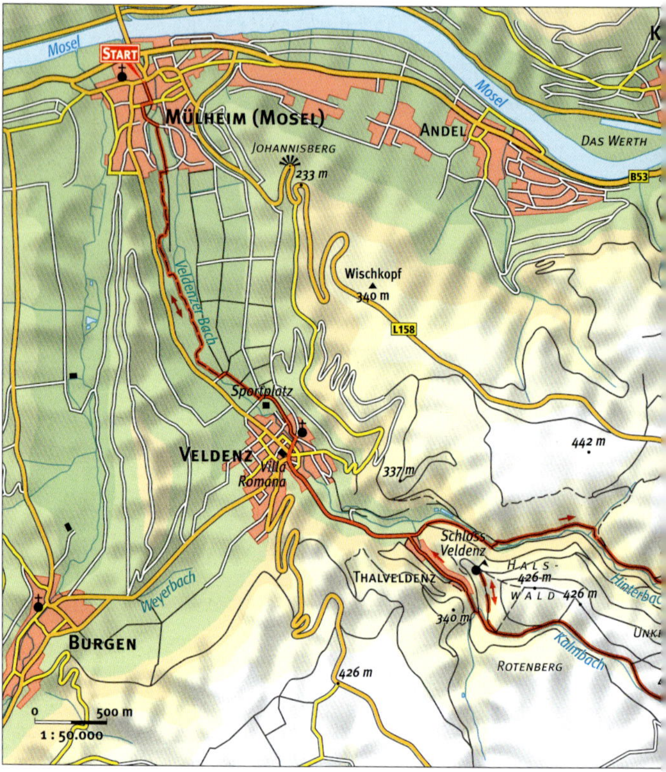

dung geht es links weiter (30 Min.). Kurz hinter der bald folgenden Rechtskurve verlassen wir die Hauptstraße links in Richtung Thalveldenz (Schild, K 90). In diesem Bereich kommen wir an dem Heimatmuseum Villa Romana vorbei, in dessen Keller sich eine römische Badeanlage befindet (Hauptstraße 28, Besichtigung möglich Do–Mo 10–12 Uhr).

Es geht weiter im Tal des Veldenzer Baches mit seinem dichten Erlensaum aufwärts – links Wiese, rechts Wald, hoch oben im Wald liegt die Burgruine Schloss Veldenz. Auf der Abzweigung am **Ortsrand von Thalveldenz** (1 Std.) gehen wir geradeaus (Schild: »Hinterbachtal« – so heißt der Veldenzer Bach von nun an!). Kurz danach begeben wir uns für lange Zeit in dichten Wald – gele-

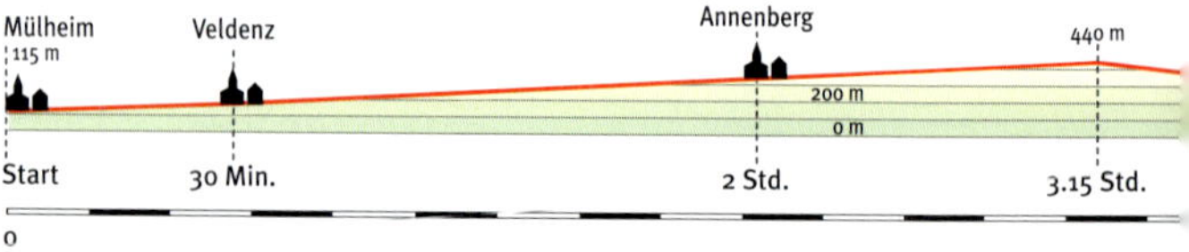

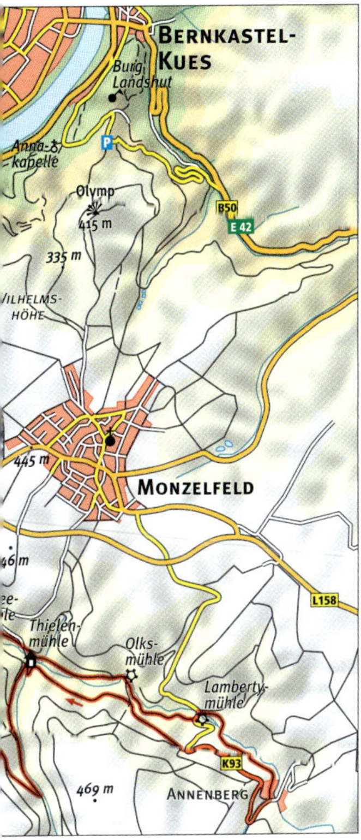

gentlich durch Wiesen lichtungshaft aufgelockert. Statt Asphalt bedeckt jetzt Schotter unseren Wanderweg.

700 m hinter der Thalveldenzer Abzweigung verlassen wir den breiten Schotterweg nach links und gehen nun auf einem schmalen Erdweg auf der anderen Seite des **Hinterbachtales** aufwärts (Richtung/Schild: »Thielenmühle«). Nach ca. 300 m zweigt rechts ein Pfad ab zum nahe gelegenen Köhlerlager (mit Informationstafeln). Der Meiler wird ab und an zu Schauzwecken gefüllt.

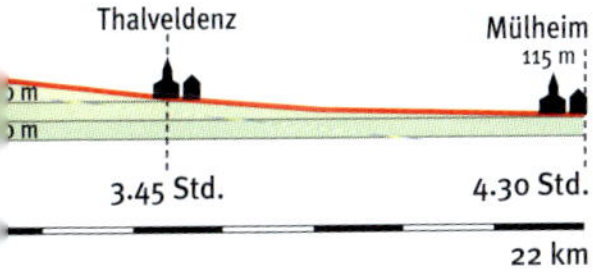

Wir gehen an dieser Abzweigung jedoch geradeaus weiter. 300 m dahinter überquert man auf altersschwachem Brückchen ein Nebenbächlein. Dahinter setzen wir den Weg geradeaus fort (Schild zur Thielenmühle folgen!). 1 km weiter kommen wir an der restaurierten **Kaffeemühle Monzelfeld** vorbei – das kleine Mühlrad dreht sich noch, auf der Wiese grasen Kühe. 200 m dahinter geht man geradeaus durch die Wegespinne (Orientierung: Schild »Lambertymühle«). Rechts führt ein Weg zur wenige Hundert Meter entfernten **Thielenmühle** (Lokal geöffnet Mi–Fr, Sa 14–17.30, So 13.30–17.30 Uhr, nur Getränke, die in die Jahre gekommene Wirtin erwägt Aufgabe).

Unsere Route führt dann 700 m hinter der Wegespinne an der **Olksmühle** (restauriert, bewohnt, Mühlrad noch vorhanden) vorbei und erreicht nach weiteren 600 m die Lambertymühle (ebenfalls bewohnt). Wir gehen links um dieses traditionsreiche Bauwerk herum und wandern noch bis Annenberg, ca. 1 km, in dem seit der Kaffeemühle ausgesprochen idyllischen Hinterbachtal (schmaler Bach inmitten von Wiesen und Wald) aufwärts. **Annenberg** besteht lediglich aus einigen wenigen Häusern, es existiert eine Ferienwohnung, aber kein Lokal.

Direkt vor Haus Annenberg (2 Std.) verlassen wir das beschauliche Tal und biegen rechts in die Straße nach Monzelfeld (K 93) ab. Es geht stark bergauf. Auf der nächsten Kreuzung (im Fichtenwald) wird rechts fortgesetzt. Es geht dann leicht bergab. In einer Rechtskurve halten wir uns geradeaus und ver-

Die Bäche eilen flink der Mosel zu

lassen damit die Straße nach Monzelfeld. Es folgen bald zwei Abzweigungen, an der ersten führt unser Weg geradeaus (Richtung Veldenz abwärts), an der zweiten nach links (Thielenmühle/Weilerbach). Dann erreicht man einen Bach, an dem es links aufwärts geht – bis vor einen Fischteich. Dort biegen wir rechts ein (Schild: »Gornhausen«). Links hinter dem Teich geht es geradeaus aufwärts. Wir folgen nun lange dem durch verschiedene Schilder markierten Wanderweg nach Gornhausen, bis wir auf der **Höhe** an eine Kreuzung mit einem Schild nach Veldenz gelangen (3.15 Std.). Das ist kurz vor dem Eintritt in die Flur von Gornhausen.

Wir wenden uns auf besagter Kreuzung nach rechts und wandern nun durch das **Kalmbachtal** nach Thalveldenz hinunter. Kurz vor diesem Dorf steht rechts ein Schild für den Aufstieg zur ca. 500 m entfernten Burgruine **Schloss Veldenz** (steiler Aufstieg; geöffnet nur für Führungen Apr.–Okt. am 1. Sa im Monat, 15 Uhr, Treffpunkt unteres Burgtor, oder für Gruppen nach Vereinbarung, Tel. 06 51/4 06 36).

Die Route führt dann aus dem Wald heraus und verläuft anschließend durch das lang gestreckte, schmale Dorf **Thalveldenz** abwärts. Am Ortsende (3.45 Std.) treffen wir schließlich auf die Route des Hinweges, die uns nun in Gegenrichtung auf bekannten Wegen im Tal des Veldenzer Baches nach **Mülheim** zurückführt (4.30 Std.).

Moselländisches Oberammergau

Von Wintrich nach Filzen

Durch die Berge des Hinterlandes von Wintrich geht es nach Filzen. Besonders schön ist die Wanderung bei klarer Sicht, denn dann kann man die Ausblicke in den malerischen Moselabschnitt Wintrich–Lieser und die idyllischen Seitentäler von Oestelbach, Frohnbach und Veldenzer Bach in ihrer ganzen Schönheit genießen.

DIE WANDERUNG IN KÜRZE

+ Anspruch

2.45 Std. Gehzeit

11 km Länge

Charakter: Der einzige starke Anstieg erfolgt gleich am Anfang, der Rest ist kinderleicht.

Wanderkarte: TK 1:25 000 Bernkastel-Kues/Mosel, Hg. Landesvermessungsamt Rheinland-Pfalz

Einkehrmöglichkeiten: Wintrich, Filzen

Anfahrt: mit dem Auto: von Trier oder Bernkastel B 53 nach Wintrich; **mit öffentlichen Verkehrsmitteln:** von Trier Hbf. oder Bernkastel Buslinie 333 (Moselbahn) nach Wintrich, Ort

Wintrich (1080 Einw.) würde nicht weiter auffallen, wären da nicht die moselländischen Passionsspiele. Diese wurden seit 1927 im 5-Jahres-Rhythmus aufgeführt. Sie fanden am Anfang eine große Resonanz, später ging das Interesse jedoch zurück, so dass sie 1952 schließlich eingestellt wurden. 1997 hat man diese Tradition wieder aufgenommen. Auf Grund des großen Zuschauerinteresses (13 ausverkaufte Aufführungen) sollen die Passionsspiele jetzt wieder fest etabliert werden. Die nächste Aufführung soll im Jahr 2002 stattfinden.

Die Tour beginnt im **Zentrum von Wintrich** neben dem **alten Rathaus.** Wir verlassen die Hauptstraße auf der Bergstraße Richtung Kasholz (K 85). Es geht stark bergauf. Nach 200 m wendet sich die K 85 nach links. Es folgt dann eine lange Gerade, bevor man – schon außerhalb von Wintrich und mitten in den Weinbergen – der fast verkehrsfreien Landstraße durch eine scharfe Rechtskurve folgt. Hier, in knapp 200 m Höhe, bietet sich eine hervorragende Aussicht auf Wintrich (links unten), Kesten (rechts unten, gegenüberliegendes Ufer) und Osann-Monzel (hoch über Kesten). Es geht weiter stark bergauf. Oberhalb der Weinberge beginnt hinter einem schmalen Waldstreifen auf ausgedehnter Hochfläche die Ackerflur von Wintrich. Wir bleiben auf der K 85 noch bis zur **Grillhütte** (45 Min).

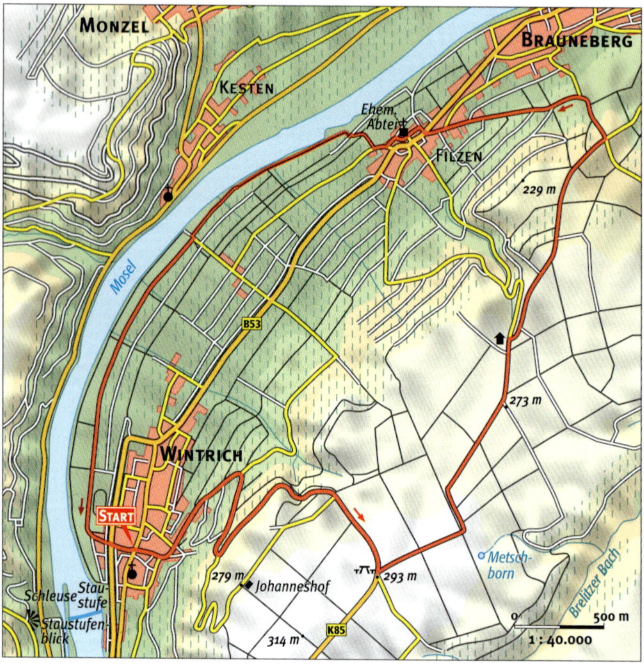

Dort geht es links in einen landwirtschaftlichen Nutzweg (Schild: »Brauneberg«). Dieser führt schnurgerade an einer Schutzhecke entlang (leicht fallend) auf Wald zu.

Am Waldrand angelangt, biegen wir nach links wieder in die Flur (Äcker, Wiesen) ein. Der Blick reicht bis tief in die Südeifel hinein. Im Folgenden werden alle Abzweigungen ignoriert, auch die zur Hirzlei. Kurz hinter Letzterer kommen wir an zwei uralten Stieleichen vorbei. Direkt dahinter befindet sich eine **Schutzhütte** (1.15 Std.), an der Walnussbäume und Esskastanien stehen. Es gibt hier einen Kinderspielplatz. Tafeln informieren zum Thema Wald.

Hier ist eine Gabel, an der wir uns rechts (zunächst aufwärts) halten. Es geht ein Stück geradeaus zu einem Waldstreifen. Auf diesem Abschnitt hat unsere Wanderroute die Funktion eines Wald- und Heckenlehrpfades.

Knapp 1 km hinter der Hütte beginnt der recht steile Abstieg nach Brauneberg/Filzen. Von der Höhe hat man einen hervorragenden Blick über das Moseltal zwischen Wintrich

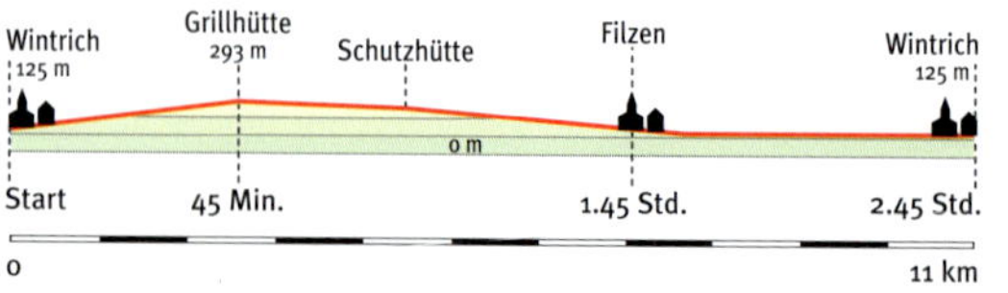

Die Abtei Filzen

und Mülheim/Lieser (samt Brücke) sowie die Seitentäler des Oestelbaches um Osann und des Frohn- und Veldenzer Baches um Mülheim. Auf dem Abstieg gilt es zu beachten: Beim **Bildstock** geht es nach links (Schild: »Brauneberg«), bei der folgenden Gabel erneut links (Schild: »Ortsteil Filzen«)!

Dann immer geradeaus – weiter bergab – landet man schließlich in der Straße »In der Zehnt« in **Filzen** (1.45 Std.). Es geht im Ort weiter bergab, bei Einmündungen hält man sich stets links – auch in der Hauptstraße. Auf dieser geht man am Gasthaus Klosterschänke vorbei, dahinter wendet man sich dann nach rechts. Es geht an einer Schiefermauer entlang abwärts. Hier kann man endlich auch den ausgedehnten Komplex der ehemaligen **Abtei Filzen** in voller Größe sehen. Unsere Route führt anschließend an das Moselufer hinunter.

Der Schlussabschnitt verläuft nun flussaufwärts nach Wintrich. Wir teilen die Route mit Radlern (Radwegmarkierungen), schließlich handelt es sich um den Moselradweg. Am Flussufer stehen hohe Rötelweiden. Im Unterwuchs sind u. a. das Drüsige Springkraut und der Tobinambur zu finden, die vor vielen Jahren aus Monsunasien bzw. Nordamerika eingeführt worden sind.

Stellenweise reichen die Rebfelder bis an die Mosel. Es gibt auch Streuobstwiesen. Am gegenüberliegenden Ufer bestimmt auf der gesamten Strecke der rebenbestandene Prallhang die Szenerie. Ihm zu Füßen ist Kesten angelegt. Schräg darüber befindet sich in malerischer Lage Monzel.

Nachdem man am Sportplatz von Wintrich vorbei ist, biegt man nach links ein, nach wenigen Hundert Metern – geradeaus und leicht aufwärts – trifft man am Ausgangspunkt im **Zentrum von Wintrich** ein (2.45 Std.).

Wallfahrt zur Heiligen Maria

Von Piesport über Klausen nach Minheim

Der Weg vom malerischen Piesport, einem Weinort unter dem Prallhang, zum traditionsreichen Wallfahrtsort Klausen ist stellenweise spektakulär. Der Rückweg führt durch Flur, Wald und Weinberge und nimmt den Flusslauf um die Moselloreley mit.

DIE WANDERUNG IN KÜRZE

++
Anspruch

4.30 Std.
Gehzeit

17 km
Länge

Charakter: 3 km langer, steiler Anstieg zu Beginn, langer, aber nicht so schwerer Anstieg zu Beginn des zweiten Drittels sowie leichtes Restprogramm

Wanderkarten: Kombination von TK 1:25 000 Der Meulenwald und die Mosel bei Schweich und TK 1:25 000 Bernkastel-Kues/Mosel, beide Hg. Landesvermessungsamt Rheinland-Pfalz

Einkehrmöglichkeiten: Piesport, Klausen, Minheim, Piesport-Niederemmel

Anfahrt: mit dem Auto: von Trier oder Bernkastel auf der B 53 nach Piesport (Ortsteil Niederemmel); **mit öffentlichen Verkehrsmitteln:** Von Trier Hbf. oder Bernkastel Buslinie 333 (Mosellinie) nach Piesport, Kirche

Piesport, eng unter dem Prallhang zusammengedrängt, ist alt und malerisch. Die Silhouette wird von der schönen Pfarrkirche St. Michael aus dem Jahre 1776 bestimmt (sehenswerte Deckenmalerei).

Es ist selbstverständlich, dass man in diesem traditionsreichen Winzerort mit der bekannten Weinlage »Goldtröpfchen« alte Weinhöfe wie das Clausener Gehäus und den Domhof bewundern kann. Doch Piesports Hauptattraktion ist die in den 80er Jahren entdeckte und anschließend rekonstruierte römische Weinkelter (3. oder 4. Jh.). Zu Piesport gehört seit der Rheinland-Pfälzer Gebietsreform auch das auf dem gegenüberliegenden Gleithang ausgebreitete Haufendorf Niederemmel (zusammen bringen es die beiden Ortsteile auf ca. 2300 Einw.).

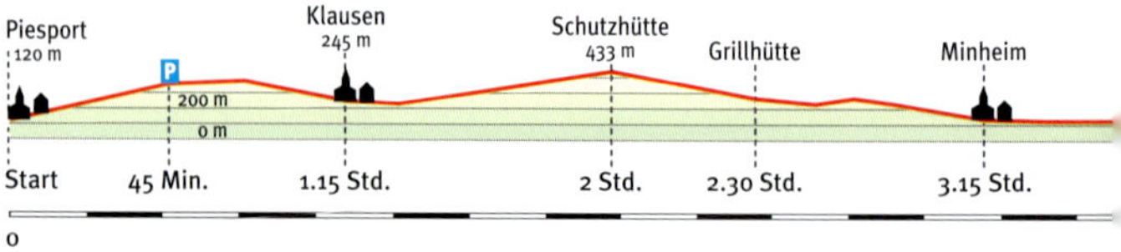

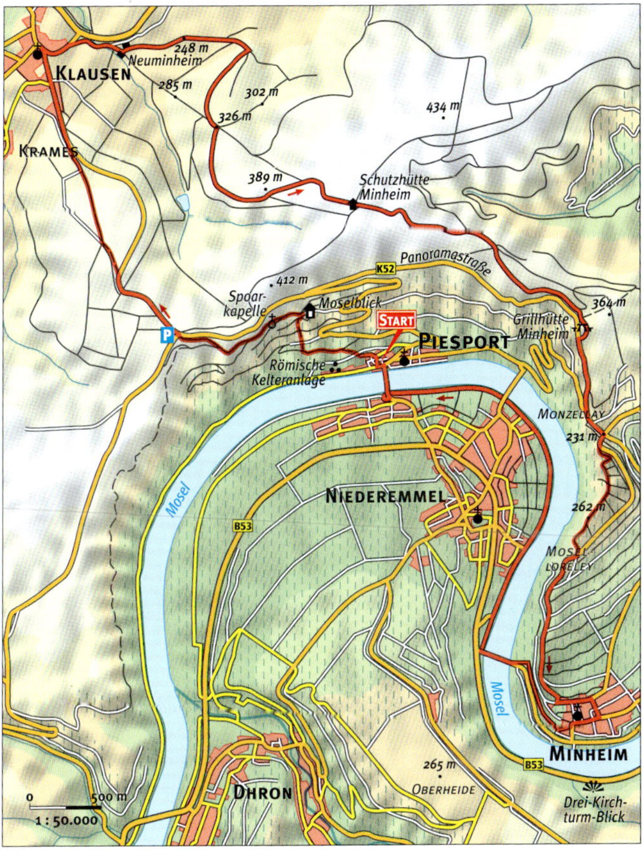

Wir starten auf der **Alt-Piesporter Seite der Moselbrücke.** Es geht – vom Fluss aus gesehen – zunächst nach links und schon nach wenigen Metern rechts aufwärts. Das ist der Beginn eines langen Aufstiegs, der recht gut mit der Zahl 17 markiert ist.

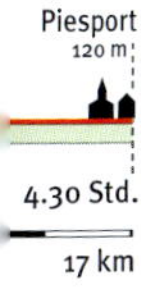

An der nächsten Verzweigung begibt man sich links in die Straße »In Kordel«. Es folgt eine flache Passage. Am Ende der Straße steigt man rechts eine Treppe hinauf. Dann geht man links in einer Straße weiter, die aber gleich an der nächsten Abzweigung nach rechts verlassen wird. Es geht weiter bergauf. Hinter dem letzten Haus wird der Aufstieg erneut über eine Treppe fortgesetzt. Es folgt dann links ein weitgehend hangparalleles Stück auf Schotterweg, bevor man vor einer Kreuzwegstation wiederum über Treppenstufen aufsteigt – dieses Mal ein längeres Stück, einmal kurz durch eine Wegüberquerung unterbrochen. Dann nehmen wir rechts einen Weg – weiter aufwärts, aber weniger steil.

Direkt über dem Ausfluglokal **Haus Moselblick,** nun oberhalb der Weinberge, biegt man nach links ein. Es geht weiter bergauf, immer geradeaus, in den Wald hinein. Man orientiert sich weiterhin an der Markierung 17. Bald darauf führt der breite Waldweg an der **Spoarkapelle** vorbei, die an die schreckliche Pest von 1506–1508 erinnert, die nur 16 von den 98 Einwohnern des Dorfes Piesport überlebten. Hier hat man einen schönen Blick über das Moseltal von Minheim bis Neumagen. Bis auf die Höhe ist es noch 1 km. Dort erreicht unser Weg an einem Parkplatz die **Straße Piesport–Klausen** (45 Min.), auf der wir nun links den Aufstieg Richtung Klausen fortsetzen.

Nach ca. 700 m biegt man nach einer Rechtskurve links in einen Feldweg ein, der uns durch ein Wäldchen führt. Anschließend geht es durch die Flur steil nach Klausen hinunter. Man hat einen schönen Blick auf die bekannte Wallfahrtskirche – und in das waldreiche Eifeler Hinterland. Der Weg verläuft zunächst parallel zur Straße. Dann geht es noch ca. 500 m über Bürgersteig, bevor man an der hoch aufragenden spätgotischen Hallenkirche eintrifft (1.15 Std.). Das Gotteshaus aus dem 15. Jh. (Rokokoausstattung aus dem 18. Jh.) ist alljährlich Ziel von 100 000 Pilgern. **Klausen** (1250 Einw.), Hauptpilgerziel des Bistums Trier, ist ein Marienwallfahrtsort, der zu allen Jahreszeiten besucht wird, an den großen Marienfesten ist der Andrang aber besonders groß.

Nach der Besichtigung geht man zunächst noch einmal wenige Meter auf der Straße nach Piesport aufwärts, um dann aber links auf der Straße nach Bernkastel-Kues abwärts zu gehen. Diese verlässt man nach 300 m nach rechts (Markierung: Kl 3–5). Es geht weiter abwärts. Alsbald kommt man an den drei Höfen von **Neuminheim** vorbei. Dort hält man sich an der zweiten Abzweigung links. Dahinter beginnt der lange Aufstieg zur Schutzhütte Minheim. Die Route führt in der Folgezeit ein langes Stück auf einem Feldweg durch Flur (Wiesen, auch Streuobstwiesen, Hecken, Wildkirschen, Ginster) – einmal durch einen schmalen Waldstreifen unterbrochen. Etwa 2 km hinter den Höfen hält man sich an einer Waldecke (Fichten) geradeaus – immer noch leicht steigend. Es folgt dann bald ein längeres Stück durch Fichtenwald, bevor wir in eine Wiese eintreten. Dort hat man einen schönen Blick auf Klausen und Umgebung.

Kurz darauf erreichen wir die Höhe mit der **Schutzhütte Minheim** (2 Std.). Hier ist der Ausblick noch interessanter, denn nun sind auch das Moseltal und der Hunsrück zu sehen.

Es geht geradeaus über die Kreuzung neben der Hütte. Danach beginnt der lange Abstieg zu den Weinbergen von Piesport – zuerst durch Wiese, dann durch Wald, stets geradeaus. Etwa 2,5 km hinter der Schutzhütte Minheim, direkt unterhalb der **Grillhütte Minheim** (2.30 Std.) verlässt der Weg den Wald und mündet in das Asphaltsträßchen K 52. Wir befinden uns nun wieder in den Weinbergen. Zunächst geht es noch ca. 700 m bergab.

An der zweiten Abzweigung biegt man nach rechts ab (Markierung: 10, 12). Danach steigt man auf ca. 400 m – zuerst Asphalt, dann Feldweg.

In der Klausener Flur

Anschließend hält der Weg ca. 400 m die Höhe, führt danach noch einmal kurz ab und auf, bevor der Abstieg durch die Weinberge in das nahe gelegene Minheim beginnt. Von der Weinpresse am Weinlehrpfad geht es geradeaus auf den Ort zu. Wir gehen links neben der Kirche (3.15 Std.) abwärts und biegen im Zentrum von **Minheim** (580 Einw.) gegenüber dem Lebensmittelladen nach rechts ab. Dieser Weg führt direkt zur knapp 1 km entfernten **Moselbrücke.**

Am anderen Ufer steigt man auf einer Treppe zum Flussufer hinab. Danach wandern wir bis zum Ausgangspunkt Alt-Piesport auf dem Moselradweg flussaufwärts. Auf dem ersten Abschnitt ist der steile, felsige Prallhang des gegenüberliegenden Ufers mit seinen kleinen Rebfeldern ausgesprochen spektakulär, deshalb führt er wohl auch den Namen Moselloreley.

Etwa 1,5 km hinter der Minheimer Brücke passieren wir die erste Piesporter Brücke. Danach haben wir bis zum Schluss rechter Hand die Altgemeinde Piesport im Blick. Linker Hand erstreckt sich Piesport-Niederemmel. Von diesem recht großen Ort sieht man allerdings erst kurz vor der zweiten Piesporter Brücke etwas mehr als nur die dem Ufer zugewandten Restaurants. Auf der alten Brücke kehren wir dann nach **Alt-Piesport** (4.30 Std.) zurück.

Moselländisches Pergamon

Durch das Dhrontal auf die Zummethöhe

Die Kombination des beschaulichen Dhrontales mit der Aussichtsplattform Zummethöhe und den bekannten Weinbergen von Leiwen und Trittenheim ergibt eine abwechslungsreiche Tour.

DIE WANDERUNG IN KÜRZE

++ Anspruch

4.30 Std. Gehzeit

20 km Länge

Charakter: Die beiden Anstiege auf dem Wege vom Dhrontal zur Zummethöhe und der Aufstieg im Weinberg von Trittenheim sind nicht allzu schwer, aber auf Grund der Länge ist die Strecke nicht ganz einfach.

Wanderkarte: TK 1:25 000 Wandern im Ferien- und Weinland Trittenheim, Neumagen-Dhron, Piesport und Minheim, Hg. Verbandsgemeinde Neumagen-Dhron

Einkehrmöglichkeiten: Neumagen-Dhron, Zummethof, Trittenheim

Anfahrt: mit dem Auto: von Trier auf der B 53 nach Neumagen-Dhron; **mit öffentlichen Verkehrsmitteln:** von Trier Hbf. oder Bernkastel Buslinie 333 (Moselbahn) nach Neumagen

Auf dem Boden von **Neumagen,** das heute mit Dhron eine Verbandsgemeinde (2390 Einw.) bildet, stand in römischer Zeit ein Kastell. 1877 stießen Bauarbeiter beim Straßenbau auf die Grundmauern dieser Anlage. Dabei wurden außergewöhnliche Funde gemacht, die Neumagen den Beinamen »moselländisches Pergamon« einbrachten. Die Exponate kamen seinerzeit überwiegend in das Trierer Landesmuseum. Von zwei berühmten Steinreliefs, dem Moselweinschiff und der Schulszene (s. S. 10), sind mittlerweile vor Ort Repliken aufgestellt worden. Einige Abdrücke und weniger bedeutsame Funde sind im Neumagener Heimatmuseum ausgestellt, wo man auch ein Modell des Kastells zu sehen bekommt (Hinterburg 8, Tel. 0 65 07/ 65 55; geöffnet März–Nov. Mo–Fr 8–12, 14–17, Sa 10–12, Dez.–Feb. Mo–Fr 8–12 Uhr).

Wir beginnen die Tour an der **Abzweigung der Brückenstraße von der B 53,** das ist im Norden des Ortsteils Neumagen auf Höhe der Mo-

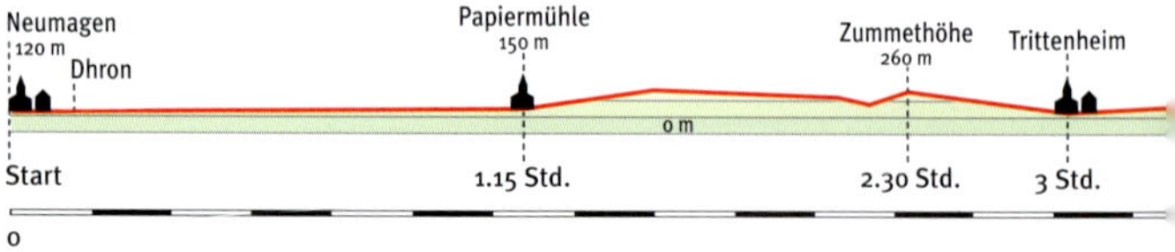

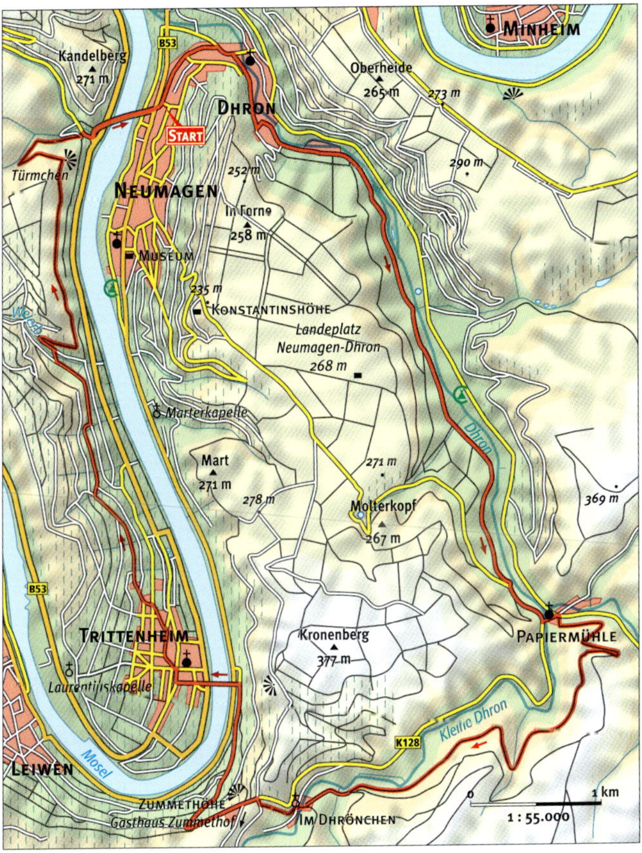

selbrücke (gegenüber Edeka-Markt). Es geht Richtung **Dhron,** dem zweiten Teil der großen Bindestrichgemeinde. Vor der Kirche biegt man nach rechts ab in die Nebenstraße »In Folz« (15 Min.). Es geht aufwärts. Wir befinden uns nun am Rande des beschaulichen **Dhrontals.** Nach 900 m geht es schließlich zum Bach hinunter, an dem man dann bis Papiermühle entlangwandert. Am Ortsende von Dhron führt die Route an einem Sägewerk vorbei, das auf die Herstellung von Weinbergpfählen spezialisiert ist. Hier endet der Asphaltbelag.

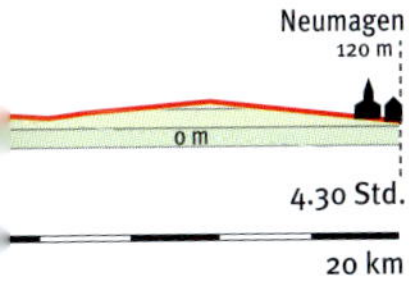

Die Dhron besitzt typische Mittelgebirgs-Bachvegetation. Wir wandern abwechselnd durch Wald und Wiesen. Am gegenüberliegenden Ufer begleitet uns sehr lange ein Weinberg. Der Weg steigt ganz geringfügig an. Knapp 4 km hinter

Blick auf den Gleithang von Trittenheim

Dhron mündet er schließlich in die K 128. Wir gehen links abwärts, überqueren die Kleine Dhron und landen gleich dahinter in dem kleinen Ort **Papiermühle.** Direkt hinter der Kirche (1.15 Std.) biegen wir rechts in den Tannenweg ein und schließen uns für die nächste Stunde dem Moselhöhenweg (M) an.

Es geht bergauf. Kurz darauf geht es in den Wald. Wir befinden uns jetzt auf einem schottrigen Erdweg, der sich in langen Kehren aufwärts windet. Mitten in der dritten Kehre treffen wir in einem Fichtenstreifen auf einen breiten Querweg, in den wir rechts einbiegen. In der Folgezeit geht es häufig wechselnd leicht auf und ab, bevor man einen steil bergan führenden Weg kreuzt und bald darauf einen winzigen Bach überquert. Der Moselhöhenweg verläuft danach noch ca. 2 km im Wald. Er hält meist die Höhe, einmal geht es etwa 300 m weit stark bergab.

Dann tritt man in die Flur des Weilers **Dhrönchen** hinaus. Wir biegen rechts in ein Sträßchen ein und überqueren die **Kleine Dhron** (2.15 Std.). Anschließend steigt man auf dem Pfad links neben dem Kapellchen auf (Markierung: 9). Auf steilem Anstieg geht es zuerst durch ein Wäldchen und dann eine Wiese zur **Zummet-**

höhe (2.30 Std.) hinauf. Oben folgt man der Straße Richtung Leiwen. Die Wanderroute verläuft nun mehrere Kilometer auf der Straße. Sie bleibt nur kurz auf der Höhe, bevor es steil nach Trittenheim hinunter geht.

Hier oben hat man eine wunderbare Aussicht auf die enge Moselschleife von Leiwen bis Trittenheim sowie den Trittenheimer Gleithang mit seinen bekannten Weinlagen.

Ca. 500 m unterhalb der Zummethöhe, nun mitten in den Weinbergen, biegen wir nach rechts ab und gehen jetzt nahezu schnurgerade auf die tief unten gelegene Trittenheimer Brücke zu – eine moderne Konstruktion, an der aber die alten Fährhäuser erhalten geblieben sind.

Wir gehen hinter der Brücke geradeaus nach **Trittenheim** (1190 Einw.) hinein bis zur Weinstraße, der Hauptstraße dieses bekannten Weinortes. Dort wendet man sich nach rechts. Von der Weinstraße zweigt unsere Wanderroute alsbald ab – auf Höhe der Kirche geht es links in die Spilesstraße (3 Std.). Von dieser biegen wir dann rechts in die Straße »Im Gospert« ein.

Auf Letzterer geht es in die Weinberge hinauf. Nach ca. 900 m biegen wir rechts ab (Schild: »Brennerei Bollig«). 700 m weiter an der Gabel hält man sich ebenfalls rechts – nun kurz abwärts und an der nächsten Abzweigung links kurz aufwärts und dann wieder abwärts, zuerst leicht, dann auch einmal steil. Es kommt bald eine weitere Gabel, auf der man sich nach links wendet. Es folgt nun noch ein weitgehend hangparalleler Abschnitt. Hier hat man Blick auf Neumagen und seine südlichen Weinberge.

Danach geht es zum Weierbach hinunter. Wir wandern ein ganz kurzes Stück an ihm aufwärts und steigen anschließend an der nächsten Abzweigung rechts in die Weinberge auf. Die Route führt oberhalb der Rebfelder in den Wald und verläuft dann nahezu Höhe haltend ca. 2 km fast gerade gen Norden. An einer Stelle gibt der Wald den Blick auf Neumagen-Dhron und seinen kleinen Bootshafen frei.

Schließlich geht es in einer lang gezogenen Kehre zur Neumagener Moselbrücke hinunter. Ein letztes kleines Stück verläuft neben der stark frequentierten B 53. Auf dem gegenüberliegenden Ufer erreichen wir kurz hinter der **Brücke von Neumagen** den Ausgangspunkt (4.30 Std.) der Rundwanderung.

Tour 30

Über dem Salmtal

Von Klüsserath nach Bekond

Der Blick in die Weinberge des Salmtales und über den weiten Gleithang zwischen Detzem und Leiwen ist spektakulär. Ansonsten hat die Tour Flur, Wald, Bäche, Weinberge zu bieten – und ein ländliches Schloss in Bekond.

DIE WANDERUNG IN KÜRZE

+ Anspruch

3.30 Std. Gehzeit

15 km Länge

Charakter: Ein langer steiler Aufstieg steht am Beginn, dann gibt es aber nur noch zwei kürzere Aufstiege vor dem Schlussteil.

Wanderkarte: TK 1:25 000 Der Meulenwald und die Mosel bei Schweich, Hg. Landesvermessungsamt Rheinland-Pfalz

Einkehrmöglichkeiten: Klüsserath, Bekond

Anfahrt: mit dem Auto: von Trier auf der B 53 nach Klüsserath; **mit öffentlichen Verkehrsmitteln:** von Trier Hbf. Buslinie 333 nach Klüsserath, Ort

Klüsserath (1150 Einw.) an der Mündung der Salm in die Mosel ist der sprichwörtliche lang gestreckte Ort unter dem Prallhang: »So lang wie Klüsserath« sagte man im Moselland zu größeren Strecken. Seine ausgedehnten Weinlagen waren im Mittelalter sehr begehrt, so dass hier etwa 20 Stifte und Abteien Weingüter besaßen.

Klüsserath hatte immer besonders stark unter Hochwasser zu leiden. Dem wurde schließlich durch die Anlage eines Schutzdammes Einhalt geboten. Auf diesem hat man später die stark befahrene Moseluferstraße angelegt. Durch die Anlage des Dammes ist leider auch die Aussicht auf den Fluss verbaut.

Wir beginnen die Rundwanderung an der **Salmbrücke** am Nordwestrand von Klüsserath. Es geht auf der K 40 aufwärts. Schon nach ca. 400 m verlassen wir die Landstraße links und folgen rechts dem Moselhöhenweg. Es geht nun gut 1 km immer geradeaus auf einem Teersträßchen steil bergauf. Bald be-

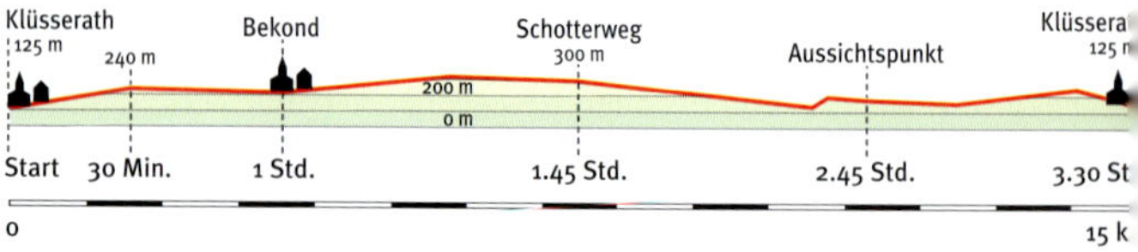

finden wir uns hoch über dem von Weinbergen umgebenen Salmtal, in das man tief hineinschauen kann. Noch spektakulärer ist der Blick in den Gleithang Detzem-Leiwen, der als riesiges Amphitheater erscheint.

Auf der **Höhe** (30 Min.) wendet sich unsere Wanderroute im Bogen nach links, wir sind jetzt auf der plateauartigen Flur von Bekond. Es geht nun ein langes Stück geradeaus durch Rebfelder. Schließlich kommt **Bekond** in Sicht. Das Sträßchen führt in mehreren Kurven in den Ort hinunter (1 Std.). Bald darauf kommen wir am Bekonder Schloss (1710) vorbei. Direkt dahinter geht es nach links zum Waldrand hinüber.

Die Wanderroute, ein Teersträßchen, führt anschließend links ca. 700 m am Waldrand aufwärts. Der Blick geht in Streuobstwiesen und Weinberge. Ein Stück hinter einer Scheune geht es rechts in den Wald – nun auf Erdweg, aufwärts. Auf den folgenden 3 km orientieren wir uns an der Markierung B 1. An der nächsten Verzweigung halten wir uns rechts, weiter aufwärts. Nach 800 m ist man auf der Höhe. Danach hält der Weg ca. 500 m die Höhe, bevor es leicht bergab geht. In diesem Abschnitt mündet unsere Route in einen breiten Weg, auf dem wir uns links halten. Aber schon nach ca. 30 m geht es wieder rechts ab. Die

Schloss Bekond

Strecke verläuft jetzt zunächst flach und später leicht fallend – stets geradeaus. Nach 600 m geht es dann leicht aufwärts (geradeaus). 800 m weiter mündet unser Weg in einen stabilen **Schotterweg** (1.45 Std.). Wir wenden uns nach links. Es geht zunächst abwärts und dann hinter einer Kurve wieder aufwärts. Bald darauf verlassen wir diesen Weg direkt hinter einem Wegweiser nach Mehring, dicht vor der Einmündung in einen breiten Weg, nach links.

Es beginnt nun ein langer Abstieg, auf dem wir stets der Markierung B 4 folgen. Nach ca. 2 km treten wir aus dem Wald in die **Enscher Weinberge** (2.15 Std.) – es geht nach rechts. Unser Weg führt ein Stück unterhalb der Rebfelder entlang, bevor wir ein Sträßchen überqueren und links in den Weinbergen steil aufsteigen. Von nun an befindet man sich bis Klüsserath auf dem Moselhöhenweg (M). Auf der Höhe kommt man zu einem **Aussichtspunkt** (2.45 Std.), von dem der Blick bis zur Staustufe Detzem (rechts) reicht. Dann folgt der Abstieg zum Kahlbach. Wir durchstreifen ein Waldstück, bevor der Moselhöhenweg in die Landstraße nach Bekond mündet. Auf dieser wandern wir 400 m aufwärts und biegen rechts ab (3 Std.). Es geht dann erneut durch Weinberge steil aufwärts. Auf der Höhe hat man wieder eine schöne Aussicht auf das Moseltal.

Anschließend beginnt der Abstieg nach Klüsserath. Die letzten 800 m sind uns noch vom Hinweg bekannt und bringen uns zurück zum Ausgangspunkt an der **Salmbrücke in Klüsserath** (3.30 Std.).

Sagenhafter Fünf-Seen-Blick

Von Leiwen nach Detzem

Es geht in die Wälder im Hinterland von Leiwen und Detzem. Ferner bietet die Tour eine der schönsten Aussichten auf das Moseltal, vier malerische Winzerdörfer sowie Weinberge und Flusslandschaft.

DIE WANDERUNG IN KÜRZE

++ Anspruch

4.30 Std. Gehzeit

21 km Länge

Charakter: Langer, aber problemlos zu bewältigender Aufstieg auf der ersten Hälfte, die zweite Hälfte dieser ausgedehnten Wanderung ist dann ausgesprochen leicht zu gehen.

Wanderkarte: TK 1:25 000 Der Meulenwald und die Mosel bei Schweich, Hg. Landesvermessungsamt Rheinland-Pfalz

Einkehrmöglichkeiten: Leiwen, Detzem, Thörnich, Köwerich

Anfahrt: mit dem Auto: von Trier auf der B 53; **mit öffentlichen Verkehrsmitteln:** von Trier Hbf. mit Buslinie 333 (Moselbahn) nach Leiwen, Ort

Im Ortskern ist **Leiwen** (1595 Einw.) ein traditionsreiches Moseldorf mit Fachwerk und engen Gassen. An den Rändern existieren wie vielerorts an der Mosel ausgedehnte Neubauviertel. Die Hauptverkehrsstraße verläuft außerhalb, so dass der Dorfkern gemütlich geblieben ist.

Kunsthistorisch interessant sind die Pfarrkirche mit ihrem spätgotischen Chor und der Kurtrierische Hof, ein Fachwerkhaus aus dem 16. Jh.

Wir beginnen die Tour am **Weinbrunnen.** Es geht die Mühlenstraße aufwärts. Nach ca. 500 m durchqueren wir geradeaus ein Rondell (der Markierung Le 6 folgen!). Das ist zugleich der Eintritt in das **Schantelbachtal,** in dem wir nun lange aufwärts wandern, zuerst zwischen Bach und Weinbergen, dann im Wald. Schließlich biegen wir nach links ab (Markierung: Le 5) und wechseln zwischen **zwei Teichen** auf die andere Seite des Tales. Hier lohnt es sich, einen Abstecher talaufwärts zu einer uralten Buche (genannt »Dicke Buche«) zu unternehmen.

Wir verlassen aber spätestens nach dem Exkurs das Tal (45 Min.) und steigen in mehreren Serpentinen steil auf. Auf der Höhe biegt man bei einer Hütte rechts in den Moselhöhenweg (M) ein. Links ist es nicht weit zum Feriendorf von Landal Green Parks. Wir wandern danach lange (ca. 2 km), alle Abzweigungen ignorierend und weitgehend die Höhe haltend, geradeaus durch Hochwald. Schließlich macht der Moselhöhenweg bei der Einmündung des Wanderweges A, der von Büdlicher Brück heraufkommt, einen Bogen nach rechts. Unsere Route kreuzt bald darauf einen Weg und erreicht ca. 500 m dahinter die **Detzemer Grillhütte** (2 Std.).

Dort unternehmen wir links einen Abstecher hinunter zum ca. 150 m entfernten **Aussichtsturm »Fünf-Seen-Blick«.** Über die Baumwipfel hinweg bietet sich ein fantastischer Blick auf die Mosel von Mehring bis Detzem: der Flusslauf ist an mehreren Stellen verdeckt, so dass er sich als eine Aneinanderreihung von fünf Seen präsentiert.

Wir gehen danach wieder zur Grillhütte hinauf, wo wir uns links halten (Markierung: D 2). Das nächste Stück – annähernd Höhe haltend – verläuft auf einer ehemaligen **Römerstraße.** Ca. 2 km hinter der Grillhütte lassen wir die Abzweigung zum Schantelbach rechts liegen. Nun beginnt der lange Abstieg nach Detzem. Zunächst bleiben wir noch ein Stück im Wald, bevor auf einem Teersträßchen der lange, steile Schlussabschnitt durch Weinberge erfolgt. Von der Höhe hat man die Mosel von Mehring bis Thörnich im Blick – eine faszinierende Landschaft.

In **Detzem** (550 Einw.) geht es auf der Hauptstraße abwärts. Wir machen den Linksknick mit und wandern anschließend geradewegs zum Flussufer hinunter – linker Hand liegt die Kirche (3.15 Std.). Danach geht es auf dem Moselradweg flussabwärts nach Thörnich. Auf dem anderen Ufer taucht kurz hinter Detzem Ensch auf, ein sehr kleines Weindorf. Auf jener Seite begleitet uns bis Leiwen Prallhang, während wir uns stets am Rande des sanften Gleithanges Detzem-Leiwen bewegen, der von Rebfeldern bedeckt ist.

In **Thörnich** (180 Einw.) verlassen wir an der Brücke das Moselufer und folgen dem Radweg nach Köwerich, der mit ca. 500 m Abstand parallel zum Flusslauf durch die Rebflur des Gleithangs führt.

Bis in die 1950er Jahre wurden diese Flachhänge an der Mittelmosel noch ausschließlich ackerbaulich genutzt. Fast alle Betriebe waren zu jener Zeit landwirtschaftlich-weinbauliche Mischbetriebe. Es war das Ergebnis der günstigen Weinkultur der 1960er Jahre, dass die Gleithänge in Rebsteppen verwandelt wurden. Die Rebfläche des Anbaugebietes Mosel-Saar-Ruwer stieg damals sprunghaft von 7500 auf 12 500 ha. Dass das Moselland von Trier bis Koblenz endlos von Weinreben in Monokultur bedeckt ist, ist also ein noch recht junges Phänomen.

Kurz vor **Köwerich** (350 Einw.) kehren wir wieder in die Uferzone zurück (4.10 Std.) und durchqueren den Ort auf der Beethovenstraße. In dieser Straße ist übrigens Beethovens Urgroßmutter zur Welt gekommen. Das Geburtshaus steht an der Einmündung der Beethovenstraße in den Dorfplatz (St.-Kunibert-Platz 2). Leider kann das restaurierte Wohnhaus nur von außen bewundert werden.

Kurz vor dem Dorfende geht es schließlich direkt an den Fluss. Bis Leiwen wandern wir nun auf dem

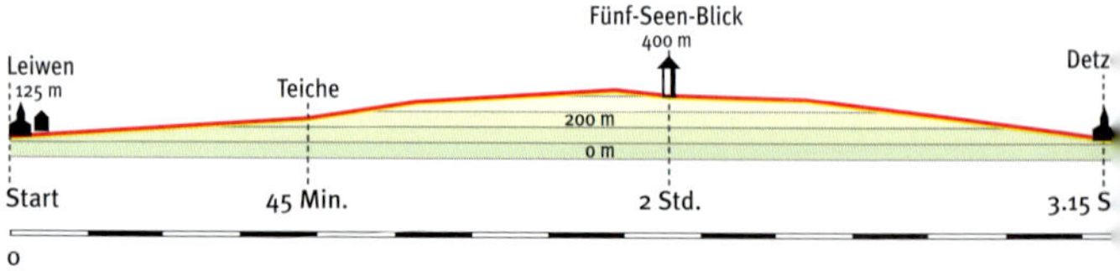

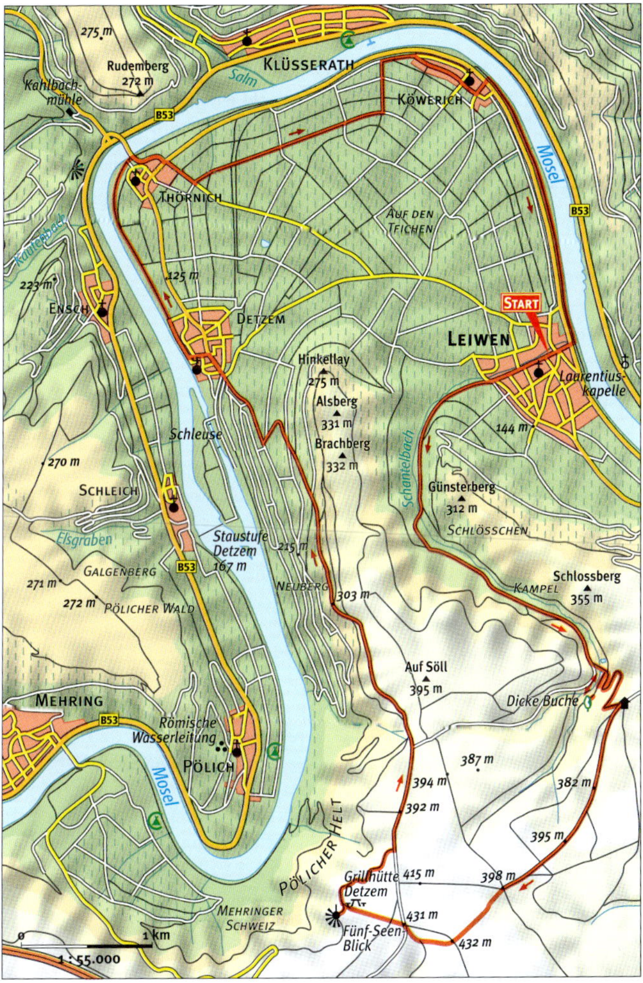

Radweg moselabwärts – eine gute Gelegenheit, nach Höckerschwänen, Stockenten und Blessrallen auf dem Wasser, nach Teich- und Sumpfrohrsängern oder Rohrammern im Schilf Ausschau zu halten.

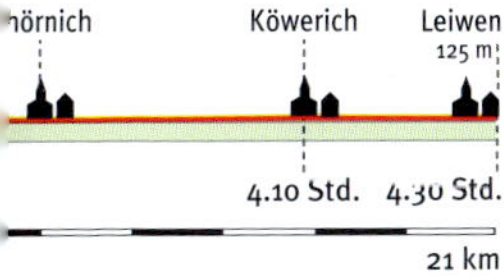

Am Nordrand von **Leiwen** passieren wir den Schiffsanlegesteg und gehen wenige Hundert Meter dahinter rechts durch eine Unterführung. Danach sind es nur noch 100 m bis zum **Weinbrunnen** (4.30 Std.).

Schiefer und Wein

Von Longuich zum Besucherbergwerk im Nossertal

Im Hinterland von Longuich bestimmten lange Zeit gleichermaßen Weinberge und Schieferbergbau das Leben. Letzterer wurde in den 1950er Jahren jedoch vollständig eingestellt. An diese Epoche erinnert das Besucherbergwerk im Nossertal bei Fell.

DIE WANDERUNG IN KÜRZE

+ Anspruch

4 Std. Gehzeit

17 km Länge

Charakter: Die vier Aufstiege sind eher leicht.

Wanderkarte: TK 1:25 000 Der Meulenwald und die Mosel bei Schweich, Hg. Landesvermessungsamt Rheinland-Pfalz

Einkehrmöglichkeiten: Longuich, Fell, Besucherbergwerk, Riol

Anfahrt: mit dem Auto: von Trier B 53 oder E 44 nach Longuich; **mit öffentlichen Verkehrsmitteln:** ab Trier Hbf. Buslinie 333 (Moselbahn) nach Longuich, Brücke

Longuich (mit Kirsch 1300 Einw.) wurde um ca. 100 gegründet, es ist römisch-keltischen Ursprungs. Damals hieß es *Longus Vicus* (Langdorf). Daraus wurde im Mittelalter Luncwich und Lungwich. Das hübsche Dorf, 1986/87 zum schönsten in Rheinland-Pfalz gekürt, ist von Obstgärten und Weinbergen umgeben. Sehenswert sind die Alte Burg, ein Fachwerkbau aus der Zeit um 1500, die Barockkirche von 1771 mit romanischem Turm, der spätgotische Maximiner Hof und die römische *villa urbana* im Weinberg.

Die Rundwanderung beginnt an der **Moselbrücke von Longuich.** Es geht via Brückenstraße und Bahnhofstraße zur Weinstraße, in die wir nach links einbiegen. Nach nur ca. 100 m verlassen wir diese wieder und biegen nach rechts ab. Kurz danach wird der Autobahnzubringer überquert. Es geht dann geradeaus auf dem Thalmühlenweg an einem Bach entlang. Nach etwa 350 m kön-

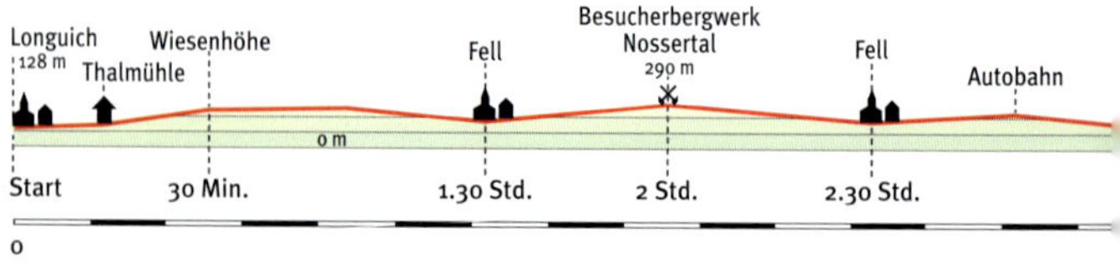

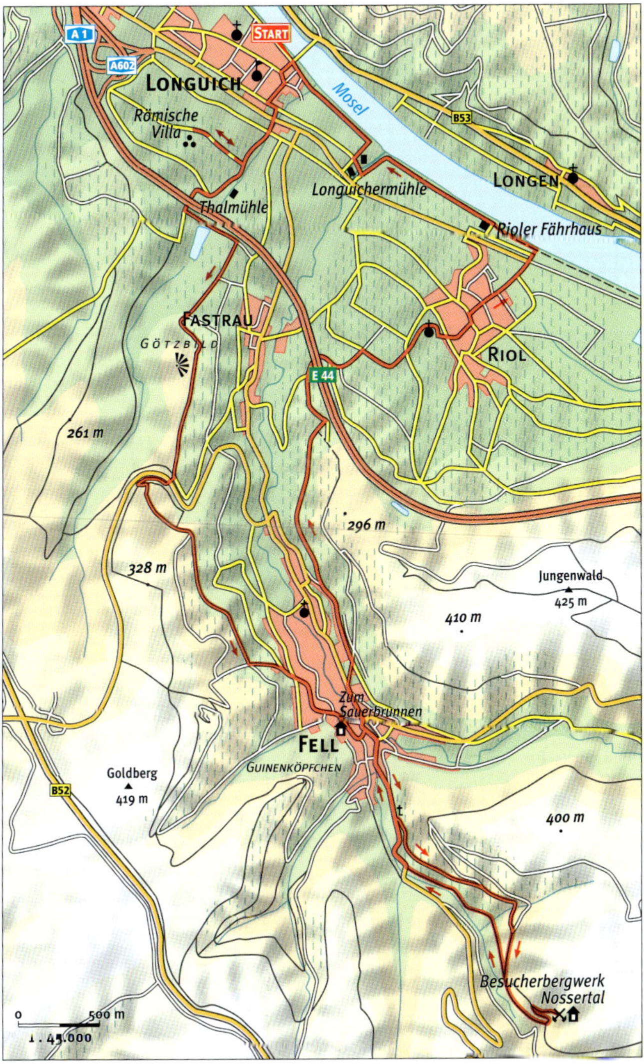

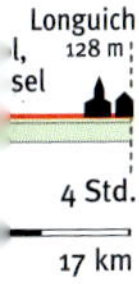

nen wir rechts den Abstecher zu der lediglich ca. 500 m entfernten römischen Villa *(villa urbana*, Ende des 2. Jh., rekonstruierter Badetrakt) unternehmen.

Es geht weiter am Bach aufwärts. Bei der **Thalmühle** wenden wir uns nach rechts und steigen nun in den Weinbergen auf. Bald darauf wird die Autobahn unterquert. Direkt dahinter geht es links zu einem kleinen Stausee hinunter, den man passiert. Danach steigt man auf. Es geht dann in die dritte Abzweigung nach rechts hinein. Jetzt beginnt der lange Aufstieg durch die Weinberge. Schließlich folgt noch ein kurzes Stück durch Wald, bevor man auf der offenen, wiesenbedeckten **Höhe** angelangt ist (30 Min.). Man hat von hier einen interessanten Ausblick auf eine riesige Autobahnbrücke und auf Fell.

Der Weg führt nun Höhe haltend oberhalb der Fastrauer Weinberge entlang. Er mündet schließlich in den Autobahnzubringer, dem wir auf dem Fußgängerweg kurz aufwärts folgen. Es geht dann nach links – weiter aufwärts. Der Weg wendet sich gleich danach nach rechts. Wir gehen nun auf einen Hochsitz zu, vor dem wir uns nach links wenden. Es folgt dann noch ein kurzes Stück Steigung, bevor man zum Wald hinuntergeht, an dem die Route kurz entlangführt.

Anschließend geht es wieder abwärts. Man kommt an einem Brünnchen vorbei. Danach steigt es noch einmal kurz, bevor der lange Abstieg nach **Fell** (mit Fastrau 2300 Einw.) einsetzt. Dort biegen wir am Gasthaus »Zum Sauerbrunnen« rechts in eine Querstraße ein, die wir aber schon 100 m darauf nach links verlassen. Man steigt auf Treppen zum **Fellbach** hinunter und geht kurz danach rechts in die Straße nach Thomm (1.30 Std.).

Direkt hinter Fell folgen wir links dem Sträßchen zum Besucherbergwerk, das im schmalen Nossertal aufwärts führt. Links begleitet uns Weinberg, rechts befindet sich auf der anderen Seite des Tals Wald. Stellenweise ist das ehemalige Bergmannsdorf Thomm hoch oben auf dem Hunsrückplateau zu sehen.

Nachdem man an den Eingängen mehrerer ehemaliger Schiefergruben vorbeigekommen ist (Infotafeln), zweigt links der Weg zum Besucherbergwerk ab (Schild). Das ist ein recht starker Anstieg. Zuerst kommt man am Eingang der Barbaragrube vorbei, vor dem Loren ausgestellt sind. Schließlich erreichen wir das Infozentrum (2 Std.) mit Imbiss, Museum und Zugang zum **Besucherbergwerk** (Tel. 0 65 02/98 85 88, 1.4.–31.10. tgl. 10–18 Uhr, letzter Einlass 17 Uhr, Dauer der Führung 1 Std.).

Nach der Besichtigung wandert man – zunächst auf demselben Weg – Richtung Fell zurück. Allerdings gehen wir nun auf der Höhe der Grube Eichbaum ganz in das Tal hinunter. Dort verläuft die Route dann auf einem Erdweg bachabwärts. Dieser mündet schließlich in die Straße Thomm–Fell, auf der es wieder nach **Fell** hinuntergeht. Dort biegen wir ca. 150 m hinter der Abzweigung des Autobahnzubringers nach rechts ab (2.30 Std.).

Es beginnt ein längerer Anstieg. Auf der nächsten Kreuzung geht es links in die Straße »Auf der Acht«. Der Weg führt nun durch ein Neubauviertel. Man gelangt schließlich an eine Verzweigung, an der man sich nach rechts wendet. Es geht in den Weinbergen aufwärts Richtung Autobahn. Man schaut auf Fastrau und die riesige Autobahnbrücke. Kurz vor der **Autobahn** führt der Weg ein Stück abwärts, dann unter der mächtigen Brücke hindurch. Dahinter steigen wir rechts kurz auf.

Anschließend beginnt der lange Abstieg durch die Weinberge nach **Riol** (1000 Einw.). Die Wanderroute

Eingang zur ehemaligen Eichbaumgrube

führt am Sportplatz und an der Kirche vorbei, überquert die Hauptstraße und erreicht – immer geradeaus – die Mosel (3.30 Std.).

Wir gehen nun bis zum Ausgangspunkt an der **Longuicher Moselbrücke** auf dem Moselradweg flussaufwärts (4 Std.). Am gegenüberliegenden Ufer begleitet uns der mächtige Prallhang, der fast bis oben hin von Rebfeldern bedeckt ist.

Moselschiefer

Bereits in der Eiszeit war der Schiefer begehrt, damit wurden die Fußböden ausgelegt. Die Römer schätzten ihn als Baumaterial. Auch seine gute Eignung zum Decken von Dächern war ihnen bekannt. Doch spielte er in diesem Bereich eine eher untergeordnete Rolle. An Nachweisen besteht allerdings kein Mangel. In Fell war z. B. im römischen Tempelbezirk auf dem Burgkopf ein mit Dachziegeln gedeckter Tempel aus dem 2. Jh. ab ca. 370 von einem schiefergedeckten Rundgang umgeben.

Erst im Mittelalter wurden Schieferplatten in größerem Umfang zum Dachdecken verwendet. Zunächst waren es die Kirchen und der Adel, die damit die Kirchen, Klöster, Burgen, Stadtmauern und Schlösser versahen. Später verdrängte der Schiefer auch die feuergefährdeten Strohdächer von den Stadthäusern. Danach sollte es nochmals eine gute Weile dauern, bis auch die Strohbedeckung von den Häusern auf dem Land verschwand.

Schiefer aus den Bergwerken des Moselhinterlandes – genannt »Moselschiefer« – war schon seit langem für seine hervorragende Qualität bekannt. Als Prädikat wurde der Begriff allerdings erst 1932 offiziell eingeführt. Damit schmücken durften sich lediglich die Vorkommen in Fell/Thomm (Hunsrück), Müllenbach (Eifel) und Mayen (Eifel).

Der traditionsreiche Moselschieferbergbau kam in den 1950er Jahren in die Krise. Zum einen war der Bergbau schwieriger und kostspieliger geworden, zum anderen war die Nachfrage zurückgegangen, weil billigere Materialien eine größere Rolle zu spielen begannen. Heute wird nur noch in den Mayener Gruben Katzenberg und Margareta Moselschiefer abgebaut.

Tour 33

Römische Weinstraße

Von Schweich nach Mehring

Der Abstecher auf die Eifelhöhe um den Hummelsberg, die lange Strecke durch die ausgedehnten Mehringer Weinberge, die Besichtigung der römischen *villa rustica* in Mehring sowie die lange Passage am Moselufer verbinden sich zu einer attraktiven Tour.

DIE WANDERUNG IN KÜRZE

++ Anspruch

5 Std. Gehzeit

21 km Länge

Charakter: Die Tourlänge erfordert ein wenig Kondition. Die beiden langen Anstiege sind nicht zu schwer, der größere Teil der Tour besteht aus leichten Abstiegen und flachen Strecken.

Wanderkarte: TK 1:25 000 Der Meulenwald und die Mosel bei Schweich, Hg. Landesvermessungsamt Rheinland-Pfalz

Einkehrmöglichkeiten: Schweich, Mehring, Riol, Kirsch-Longuich

Anfahrt: mit dem Auto: von Trier B 49 oder E 44 nach Schweich; **mit öffentlichen Verkehrsmitteln:** Regionalbahn von Trier nach Schweich oder Buslinie 333 von Trier Hbf. nach Schweich

Das Städtchen **Schweich** (ca. 6030 Einw.) liegt am Rande der Trierer Talweitung, dem Ende der Obermosel. Südwestlich beginnt die mäanderreiche Mittelmosel. Anknüpfend an antike Wirtschafts- und Verkehrsstrukturen im Umfeld der Metropole Augusta Treverorum, wird heute der Raum Schweich–Detzem als »Römische Weinstraße« vermarktet.

Schweich selbst ist allerdings kein Urlaubsort. Es kann sich dem Verkehrslärm der am Ortsrand verlaufenden Autobahn und Bundesstraße nicht entziehen. Auch der Ortskern leidet unter Verkehrslärm und Hektik. Es ist aber bei Aufenthalten an der »Römischen Weinstraße« als Einkaufsstädtchen dennoch interessant.

Ausgangspunkt der Tour ist die **Moselbrücke** neben dem Alten Fährturm am Südrand von Schweich. Wir gehen auf der Brückenstraße, der belebten Geschäftsstraße des Klein-

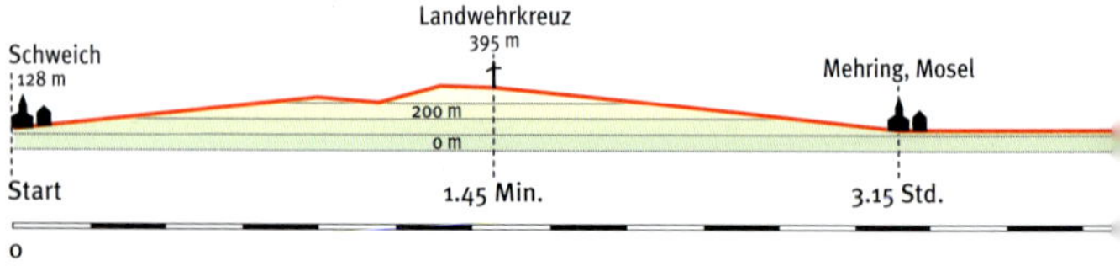

Villa rustica in Mehring

städtchens, in das Zentrum. Direkt oberhalb der Kirche biegt man nach rechts ab in den Moselhöhenweg (M), über den ein großer Teil der Rundwanderung führt. Es geht dann geradeaus über den Föhrenbach.

Wir gehen zunächst weiter geradeaus, Abzweigungen nach links und rechts werden ignoriert. Schließlich macht unsere Route – die Bergstraße – einen Bogen nach links. Hinter dem Friedhof mündet sie in ein Sträßchen. Hier biegen wir rechts ein und unterqueren die **Autobahn.** Anschließend geht es in den Weinbergen steil aufwärts. 400 m hinter der Autobahnunterführung nehmen wir an der Wegespinne vor dem Wäldchen den breiten Weg halbrechts (Markierung: M, Schild: »Landwehrkreuz«).

Es geht weiter stark bergauf. An einer Streuobstwiese vorbei erreicht der Moselhöhenweg kurz darauf den Schweicher Stadtwald. Die Route führt nun lange immer oberhalb der Weinberge am Waldrand entlang – tief unten fließt die Mosel. Auf diesem Panoramaweg genießt man einen spektakulären Ausblick auf das breite Moseltal zwischen Kenn und Riol und in das enge Tal des Feller Baches sowie in die Berglandschaft des Südwest-Hunsrücks.

Es geht stetig bergauf – einmal für mehrere Hundert Meter durch leichtes Gefälle unterbrochen. Schließlich erreichen wir eine **Grillhütte.** Auch danach bleiben wir am Waldrand. Die Route steigt noch ein kurzes Stück und verläuft dann lange weitgehend hangparallel. Etwa 1 km hinter der Grillhütte durchquert man Fichtenwald (mit Eichenstreifen).

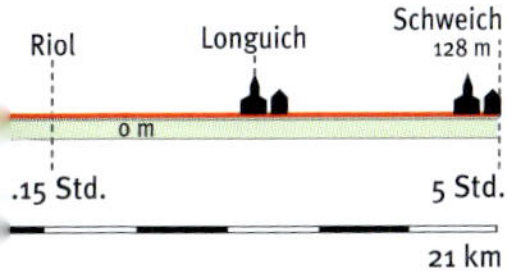

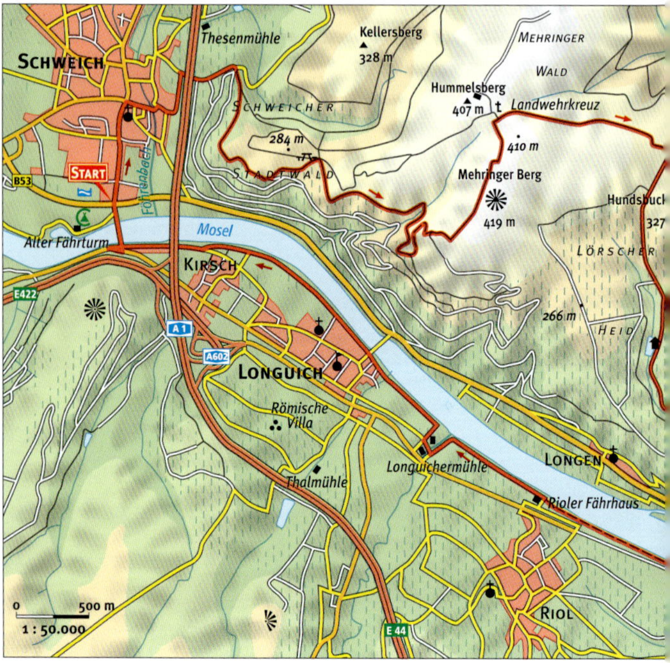

Der breite Weg führt über das Rinnsal im Landwehrgraben. Wir treten schließlich bei einer Sitzbank aus dem Wald. Es lohnt sich, ein Päuschen einzulegen und die fantastische Aussicht auf das Moseltal zu genießen.

Hier mündet unsere Route in einen Weg. Wir halten uns links. Nur 20 m weiter heißt es aufgepasst, denn hier müssen wir links abbiegen (M). Nun beginnt der Aufstieg zum Landwehrkreuz. Es geht steil bergauf durch dichten Laubwald – immer geradeaus (Abzweigungen ignorieren, immer der Markierung M folgen!). Schließlich mündet unser schmaler Weg in einen breiten Weg. Wir halten uns links. Es geht weiter aufwärts. Man befindet sich jetzt in der Flur. Zunächst bestimmen Hecken das Bild, dann ausgedehnte Weideflächen. Die Steigung lässt deutlich nach. Auf dem letzten Teil vor dem Landwehrkreuz ist die Route (der Moselhöhenweg, M) sogar fast flach.

Wenn man beim Aufstieg innehält und zurückschaut, hat man einen wunderbaren Blick in die schöne Gebirgslandschaft des Hunsrücks. Sobald wir uns auf der Höhe befinden und links die Fernmeldeeinrichtungen auf dem Hummelsberg (407 m) im Visier haben, biegen wir links ab und gehen durch eine Wiese geradewegs auf das **Landwehrkreuz** zu, ein Steinkreuz unter zwei Kastanien (1.45 Std.).

Vor dem Kreuz wendet sich der Moselhöhenweg nach rechts. Wir befinden uns jetzt auf der Hochfläche. Es geht an einer Hecke entlang. Dann kreuzen wir einen Weg

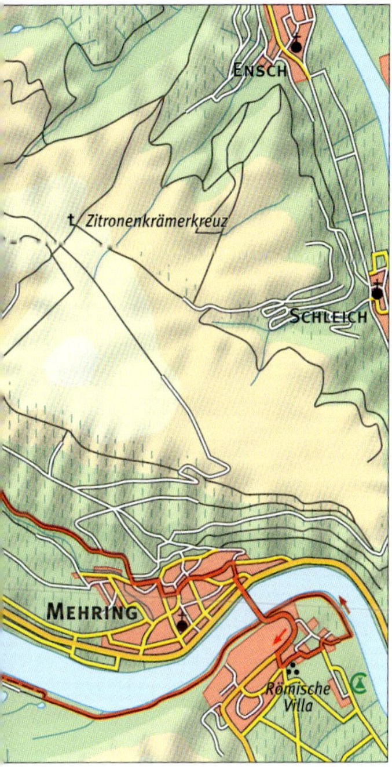

und steuern geradewegs auf den Wald zu, in den wir schließlich durch ein Gatter eintreten. Der Wanderweg führt anschließend durch Buchen-Eichen-Mischwald abwärts. Beim Austritt aus dem Wald biegen wir nach rechts ab und laufen ein Stück an der Waldwiese entlang.

Dann beginnt der lange Abstieg durch die ausgedehnten Weinberge von Mehring – meist an einem Bach entlang, immer auf einem Teersträßchen geradeaus. Noch im oberen Teil führt er an einem **Fischteich** mit Hütte vorbei. Beim Abstieg schaut man auf die Mosel um Riol und die große Autobahnbrücke, die es den Automobilen ermöglicht, die Hunsrückhöhe im Schnellverfahren zu erklimmen.

Am Ortsrand von **Mehring** (2020 Einw.) mündet unsere Route in die Querstraße »Im Ganggarten«. Dort hält man sich links. Aber bereits an der nächsten Abzeigung geht es rechts in der Schulstraße abwärts. Dann wechseln wir in die Brückenstraße, die umweglos auf die im Jahre 2001 vollständig erneuerte Moselbrücke führt (3.15 Std.).

Auf der rechten Moselseite gehen wir auf kürzestem Wege zur nahe gelegenen römischen ***villa rustica*** (römischer Gutshof aus dem 2. Jh., rekonstruiert), die in einem zu Mehring gehörenden Neubaugebiet liegt.

Nach der Besichtigung begeben wir uns zur Mosel hinunter und wandern anschließend auf dem Radweg flussaufwärts Richtung Riol. Die Route verläuft bis zum Zielort Schweich am Ufer entlang. Am Anfang haben wir rechts den Blick auf Mehring. Bald darauf taucht linker Hand **Riol** auf, das etwa 500 m vom Ufer abgesetzt ist (4.15 Std.). Die Rebfelder reichen hier bis an den Fluss.

Rechts kommt alsbald das winzige Weindorf **Longen.** Links ist es nun nicht mehr weit bis Longuich-Kirsch, das näher am Ufer liegt als Riol. Der Radweg führt zuerst an **Longuich** vorbei, dann folgt **Kirsch** (4.45 Std.), beide sind von Obstgärten umgeben. Hinter Kirsch geht es unter der Autobahnbrücke hindurch. Kurz danach sind wir an der Brücke der B 49 nach **Schweich.** Wir gehen hier über die Mosel und sind wieder am Ausgangspunkt beim **Alten Fährturm** (5 Std.).

Ruwertal und Riveris-Stausee

Von Mertesdorf nach Riveris im Saar-Hunsrück-Naturpark

Die Tour kombiniert die Weinberge des unteren Ruwertals mit den Wäldern am Riveris-Stausee. Man wandert durch die Dörfer Mertesdorf, Kasel, Waldrach, Riveris und Morscheid. Eine besonderer Leckerbissen für Freunde der Antike ist die römische Wasserleitung bei Waldrach.

DIE WANDERUNG IN KÜRZE

+++ Anspruch

7 Std. Gehzeit

30 km Länge

Charakter: Ein steiler Aufstieg am Anfang und zwei mittelschwere Anstiege im Mittelteil ergeben in Kombination mit der Länge der Wanderstrecke eine anspruchsvolle Tour.

Wanderkarte: TK 1:25 000 Ruwertal + Hochwald, Hg. Verbandsgemeinde Ruwer

Einkehrmöglichkeiten: Mertesdorf, Kasel, Waldrach, Riveris, Morscheid

Anfahrt: mit dem Auto: von Trier auf der A 602 nach Ruwer, 7 km, dann auf Landstraße Richtung Hermeskeil nach Mertesdorf, 2 km; **mit öffentlichen Verkehrsmitteln:** ab Trier Hbf. Buslinien 30, 86, 3056, 6280 nach Mertesdorf, Bergstraße (30, 86) bzw. Grünhaus (3056, 6280)

In **Mertesdorf** (1780 Einw.) wurde bereits im 2. Jh. Wein angebaut. Seit 893 gehörte das Dorf der Abtei St. Maximin. Diese Herrschaft wurde erst durch die Säkularisierung der Kirchengüter im Zuge der französischen Revolution beendet. Die Winzer konnten die Weinberge nun kaufen. Das Kloster kam ebenfalls in Privatbesitz (heute Schloss Grünhaus). Unter den Käufern war auch das Trierer Bürgertum reichlich vertreten. Zu den bekanntesten Weinbergbesitzern von Mertesdorf gehörte später der in Trier geborene Sozialrevolutionär Karl Marx (1818–83), der von seinen Eltern einen kleinen Wingert im »Viertelsberg« am Grüneberg, westlich von Schloss Grünhaus, erbte.

Der Mertesdorfer Riesling gilt als einer besten Rieslingweine des

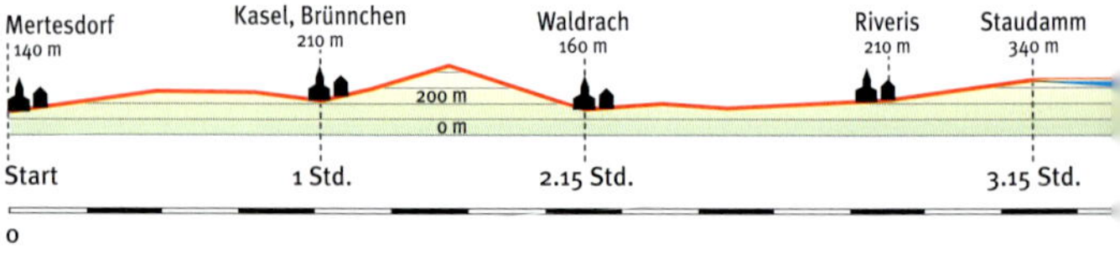

Anbaugebietes Mosel-Saar-Ruwer. Nach Stuart Pigott, dem bekannten britischen Weinpublizisten, zeichnet er sich aus »durch zartgliedrige finessereiche und pikante Frucht und durch ein schönes, variationsreiches Bouquet.«

Die Tour startet 2 km südlich des Trierer Stadtteils Ruwer (Mosel) auf der Landstraße nach Hermeskeil an der **Abzweigung nach Mertesdorf.** Wir gehen geradewegs in den Ort hinein, der direkt dahinter beginnt. Nach ca. 200 m biegt man nach rechts in die Nebenstraße »Auf der Krain« ab. Nach einer Linkskurve beginnt kurz darauf ein langer steiler Anstieg in den oberen Ortsteil. Nach etwa 600 m gehen wir bei Haus Nr. 60 nach rechts in einen Seitenweg (Schild: »Kirche«). Dieser trifft alsbald auf eine breite Straße, die Hauptstraße eines Neubauviertels.

Wir biegen nach links aufsteigend in diese Straße ein, verlassen sie aber bereits nach wenigen Metern wieder nach rechts. Es geht weiter aufwärts. Etwa 200 m dahinter biegt man vor dem Schild »Ringstraße« (am südwestlichen Ortsrand von Mertesdorf) nach rechts ab und geht auf dem oberen der beiden hier abgehenden Wege weiter. Wir sind nun in den ausgedehnten Weinbergen von Mertesdorf. Es geht weiter aufwärts. Nach ca. 200 m sind wir schließlich auf der **Höhe** (30 Min.).

Die Aussicht ist prächtig: Tief unten liegt das enge Ruwertal. Weit rechts ist das mittlerweile zu Trier gehörige Mosel-Ruwer-Städtchen Ruwer zu sehen. Auf der gegenüberliegenden Seite des Ruwertales sind die Berge von Mertesdorf bis Waldrach fast durchgehend von dichtem Wald bedeckt.

Die Route verläuft nun ca. 2 km nahezu hangparallel weit oben in den Weinbergen. Etwa 1 km hinter Mertesdorf bietet sich ein wunderbarer Ausblick auf Kasel (vom spätrömischen *casale* = kleines Gehöft), den bekanntesten Weinort der Ruwerregion.

Bald führt der Weg leicht abwärts in das kleine nordöstliche Seitental von **Kasel** (1350 Einw.). Wir biegen kurz vor der Straße Ober-Mertesdorf–Kasel nach rechts ab in einen landwirtschaftlichen Nutzweg, der abwärts führt, biegen links und gleich wieder rechts ab, bevor wir direkt hinter dem Sportplatz nach links zur Hauptstraße hinübergehen. Dort hält man sich an der T-förmigen Einmündung rechts.

Es geht weiter leicht abwärts – bis zum nahe gelegenen **Brünnchen** (1 Std.). Nun wechseln wir – noch immer am Rande des Oberdorfes von Kasel – in das links Richtung Tennisanlagen (Schild) aufwärts führende Sträßchen. Es geht an der Trockenmauer eines Weinberges entlang. Oberhalb der Tennisanlagen – ca. 600 m hinter dem Brünnchen – biegt man nach rechts in einen Waldweg ab.

Kurz danach sind wir wieder mitten in der Flur – wunderbar die Aus-

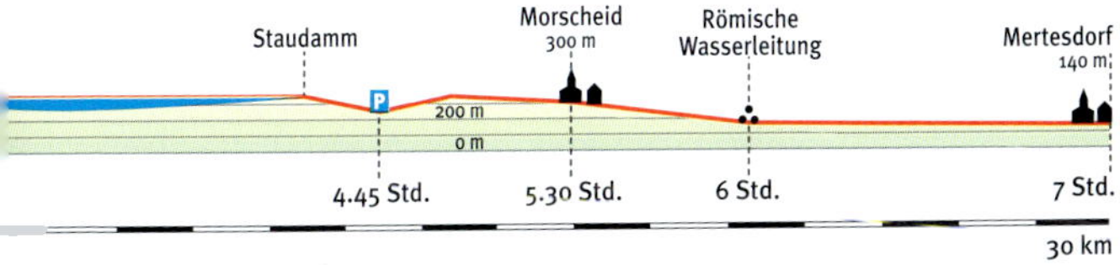

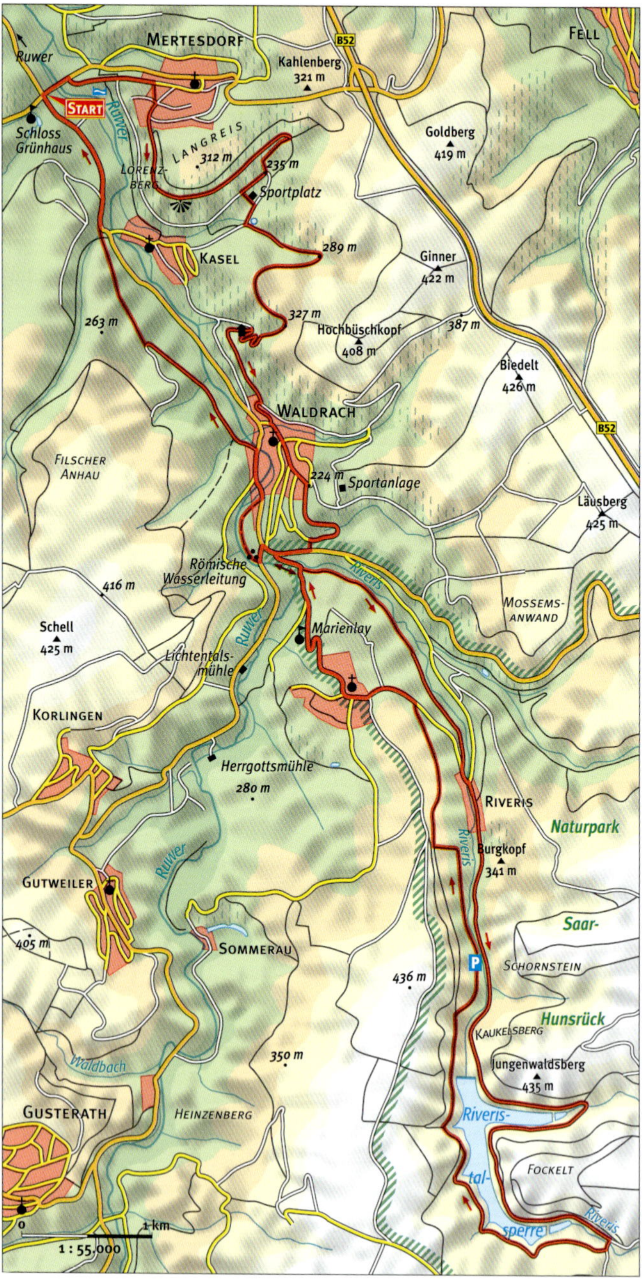
Mertesdorf
Ruwer
Kahlenberg
321 m
B52
Fell
Start
Schloss
Grünhaus
Ruwer
Langreis
312 m
235 m
Goldberg
419 m
Lorenz-
berg
Sportplatz
Kasel
289 m
Ginner
422 m
263 m
327 m
Hochbüschkopf
408 m
387 m
Biedelt
426 m
Waldrach
B52
Filscher
Anhau
224 m
Sportanlage
Läusberg
425 m
Römische
Wasserleitung
416 m
Riveris
Mossems-
anwand
Schell
425 m
Ruwer
Marienlay
Lichtentals-
mühle
Korlingen
Herrgottsmühle
280 m
Riveris
Naturpark
Riveris
Burgkopf
341 m
Gutweiler
Ruwer
Saar-
405 m
Sommerau
Schornstein
436 m
Hunsrück
Kaukelsberg
350 m
Waldbach
Jungenwaldsberg
435 m
Gusterath
Heinzenberg
Riveris-
tal-
sperre
Fockelt
Riveris
0
1 km
1 : 55.000

sicht auf Kasel und das Ruwertal. Auf dem folgenden Kilometer hält der Weg in etwa die Höhe. Er führt zunächst durch einen verwilderten Weinberg und danach durch die ausgedehnte Rebfläche bewirtschafteter Weinberge. Anschließend geht es in Serpentinen steil nach Waldrach hinunter. Nach ca. 1 km passieren wir eine **Schutzhütte.** Man hat nun Waldrach (2070 Einw.) im Ruwertal im Blick, das mittlerweile auch ein großes Neubauviertel besitzt, das sich weit am Hang hinaufzieht. Über den dunklen Schieferdächern des Alt-Dorfes erhebt sich der hohe Kirchturm aus dem 11. Jh. (neugotisches Schiff der Kirche dagegen von 1905).

Etwa 700 m nach der Hütte erreichen wir eine Schautafel, die eine Übersicht des Waldracher Geschichtslehrpfades bietet, auf dem wir uns seit der Hütte befanden. Es geht weiter bergab. Kurz nach der Schautafel begibt man sich an der Gabel rechts in den Friedhofsweg. Am Ende dieses Weges endet auch der lange Abstieg nach **Waldrach** (2.15 Std.). Wir sind jetzt im Unterdorf. Es geht links in den Unteren Kirchweg, in dem man nun Richtung Zentrum aufwärts wandert. Kurz darauf kommen wir an der bereits erwähnten Pfarrkirche vorbei. Immer geradeaus auf dem Oberen Kirchweg aufsteigend, erreicht man schließlich das Schulzentrum der größten Weinbaugemeinde des Ruwertales. Direkt dahinter geht es rechts auf dem Schulweg zur Straße Ruwer–Hermeskeil hinunter. Auf halbem Wege bietet sich ein schöner Ausblick auf Morscheid und den Hochwald (links) sowie das mittlere Ruwertal mit Korlingen und Gusterath ganz im Hintergrund (geradeaus).

Bei der Einmündung in die Hermeskeiler Straße halten wir uns rechts (Richtung Ruwer). Man bleibt auf dieser belebten Straße allerdings nur das kurze Stück bis zur Abzweigung nach Morscheid. Nach dem Linksabbiegen Richtung Morscheid überqueren wir das Riverisflüsschen und schwenken an der folgenden Rechtskurve nach links in einen Erdweg ein. Dieser führt zunächst durch Wald, später durch Streuobstwiesen im idyllischen Riveristal aufwärts nach **Riveris,** einem kleinen Walddorf (2.45 Std.), und schließlich geradeaus auf der Stauseestraße durch den schmalen Ort stetig steigend Richtung Riveris-Stausee. Der Anstieg durch dichten Wald endet schließlich auf Höhe des 48 m hohen und 321,5 m breiten **Staudammes** 2,5 km südlich von Riveris (3.15 Std.).

Diese 1958 fertig gestellte Talsperre, die 5 Mio. cbm Wasser aufnimmt, wird vom Wasser der Riveris gespeist, die aus dem Osburger Hochwald kommt. Sie versorgt die Stadt Trier und das Ruwertal mit Trinkwasser. Das Wasser wird mit Hilfe des natürlichen Gefälles durch zwei Bergstollen und das Ruwertal zur Filter- und Aufbereitungsanlage nach Trier-Irsch geleitet, wo es in das Verteilernetz der Stadt Trier eingespeist wird. Einen Sonderweg nimmt allerdings das Wasser für das Ruwertal, das bereits in Dammnähe (Riveriser Festplatz) gefiltert wird und auch schon hier in die Trinkwasserleitung des Tales geht.

Die Tour führt dann auf einem gut 6 km langen Rundweg im Uhrzeigersinn ganz um den malerisch von dichtem Wald (überwiegend Eiche, aber es gibt auch Streifen mit Nadelwald) umgebenen See. Nach der Umrundung gelangt man 700 m unterhalb der Staumauer an einen **Parkplatz** (4.45 Std.), wo man links der Markierung MS 2, V 2 folgt. Zunächst geht es durch Tannenwald, dann tritt der Weg in die Flur von Riveris ein.

Etwa 700 m hinter dem Parkplatz biegen wir nach links ab und steigen 150 m weit an. An der T-förmigen Einmündung in den breiten Schotterweg auf der Höhe geht es rechts weiter. Wir sind jetzt wieder im Wald. Auf diesem unbequemen Weg, der abwechselnd leicht steigt und fällt, erreichen wir ca. 1,3 km hinter der Einmündung die Straße Riveris–Morscheid. Hier wendet man sich nach links und steigt – nun wieder in der Flur – auf der wenig befahrenen Straße zum nahe gelegenen **Morscheid** (5.30 Std.) auf. Die Tour führt dann ein langes Stück durch das stattliche Dorf. Bei Abzweigungen halten wir uns stets Richtung Waldrach.

Schließlich geht es – immer noch auf der Straße – steil nach **Waldrach** hinunter. Nach der Überquerung der Riveris und der Einmündung in die Hermeskeiler Straße gehen wir ca. 100 m Richtung Ruwer (links) und biegen dann nach links Richtung Gusterath ab. Nach 100 m ist rechter Hand neben der Straße ein Querschnittmodell der ehemaligen **römischen Wasserleitung** (6 Std.) zu sehen.

Die Römer hatten Ende des 1. oder Anfang des 2. Jh. – ganz genau weiß man das nicht – eine 13,4 km lange unterirdische Wasserleitung angelegt, durch die sie das Wasser der Ruwer in die Metropole Augusta Treverorum (heute Trier) leiteten. Architektonisch war die Anlage dieses langen, mit Sandstein ausgemauerten Kanals zweifellos eine hervorragende Leistung. Das Waldracher Modell der römischen Wasserleitung, das auf beim Straßenbau entdeckten Resten der antiken Wasserleitung basiert, zeigt anhand eines

Die römische Wasserleitung bei Waldrach

Querschnitts, wie der Leitungskanal beschaffen war. Auf mehreren Infotafeln kann man viele interessante Details erfahren.

Wir gehen anschließend nach rechts zur Ruwer hinunter, der wir dann ca. 600 m folgen. Danach wandert man im Bereich von Waldrach noch einmal ca. 400 m auf dem Bürgersteig an der Straße nach Ruwer entlang, bevor man direkt vor dem Fluss nach links in einen ruhigen Weg abbiegt, der alsbald in den Wald führt.

Auf dem nächsten Kilometer sind zwei leichte Anstiege zu bewältigen – man hält sich immer geradeaus. Schließlich erreichen wir eine 3-Wege-Verzweigung, bei der wir nach rechts hinuntergehen. Nach einem weiteren Kilometer verlässt man den schattigen Wald und biegt rechts in ein Sträßchen ab, das zur Straße nach Ruwer führt. Letzterer folgen wir nun talabwärts bis zur **Abzweigung nach Mertesdorf** (gut 1 km), zuerst auf einem Radweg, dann auf dem Randstreifen (7 Std.).

Der Forschungsweinberg

Am Mertesdorfer Lorenzberg unterhält die Universität Trier seit 1974 eine Forschungsstätte. Der Forschungsweinberg – erkennbar an den Masten, Leitungen und Messgeräten – befindet sich am Weinlehrpfad nach Kasel, der ein Stück unterhalb unserer Route verläuft. Es geht hier vor allem darum, die Folgen der Wassererosion (Oberflächenabfluss, Nährstoffauswaschung etc.) am Rebsteilhang zu beobachten und für den durchschnittlichen Winzer praktikable Mittel zu finden, um den ständigen Verlust von wertvollem Boden zu stoppen.

In der Tat erkunden die Trierer Forscher hier ein gravierendes Problem, denn nach ihren Beobachtungen gehen auf der 15,5 ha großen Experimentier-Rebfläche jährlich pro Hektar 7 t Boden verloren. 70–80 % dieser Verluste werden durch Starkregen (Gewitterregen) verursacht. Dagegen schützt: das Pflügen auf ein Minimum zu beschränken und den Boden mit Stroh oder Rindenabfall zu bedecken. Wirksamster Erosionsschutz wäre die Dauerbegrünung durch Graseinsaat, doch dadurch ginge den Reben ein Teil der Nährstoffe verloren.

Die Forschungsstation erfreut sich regen Besuchs von Schulklassen und Studentengruppen. Auch Wissenschaftlerkollegen und Forschergruppen sind hier häufig zu Gast, darunter Besucher aus so fernen Ländern wie China und Argentinien.

Trierer Stadtwald

Von Trier zur Burg Ramstein

Diese Wanderung führt durch den artenreichen Trierer Stadtwald zur Burgruine Ramstein. Der Rückweg bietet eine längere Passage durch das idyllische Kylltal sowie eine weitere Visite im Stadtwald und schließt mit einigen herrlichen Ausblicken auf Trier.

DIE WANDERUNG IN KÜRZE

++ Anspruch

5.30 Std. Gehzeit

22 km Länge

Charakter: Fünf Anstiege sind auf dieser ausgedehnten Wanderung zu bewältigen, jedoch jeweils ohne allzu viel Schweiß.

Wanderkarte: TK 1:25 000 Trier und Trier-Land, Hg. Landesvermessungsamt Rheinland-Pfalz

Einkehrmöglichkeiten: Trier, Weißhaus, Burg Ramstein

Anfahrt: mit dem Auto: A 1 aus Richtung Saarbrücken/Kaiserslautern, A 48/A 1 aus Richtung Koblenz; Park & Ride-Parkplatz Riverside, Verteilerkreis/Zurmaiener Straße; **mit öffentlichen Verkehrsmitteln:** Stadtbuslinien zur Bitburger Straße: vom Hbf. 12, 87, 212, 221, 222, von der Porta Nigra 2, 8, 12, 58 S, 87, 221, 222

Trier (ca. 100 000 Einw.), älteste Stadt Deutschlands, ehemalige Hauptstadt des westlichen Römerreiches und langjährige Residenz eines bedeutenden Kurfürstentums, verfügt über eine Fülle an Kulturdenkmälern. Aber auch seine Umgebung bietet gute Gründe zum Verweilen: Zahlreiche Wanderwege sowie natur- und kulturhistorische Sehenswürdigkeiten locken in die Landschaft, darunter die Ruine der Burg Ramstein, eines der schönsten Ausflugsziele im Kylltal.

Wir starten in Triers Stadtteil **Pallien** und gehen vom Palliener Ende der **Kaiser-Wilhelm-Brücke** in der Bitburger Straße aufwärts. In der Linkskurve nach 200 m biegt man rechts ab. Wir passieren Sandsteinfelsen, steigen Treppenstufen, genießen die Aussicht auf die Stadt Trier und wenden uns danach nach links. Es geht dann kurz geradeaus, bevor man nach rechts abbiegt und am **Drachenhaus** entlanggeht. Die Route verläuft nun ein Stück gerade-

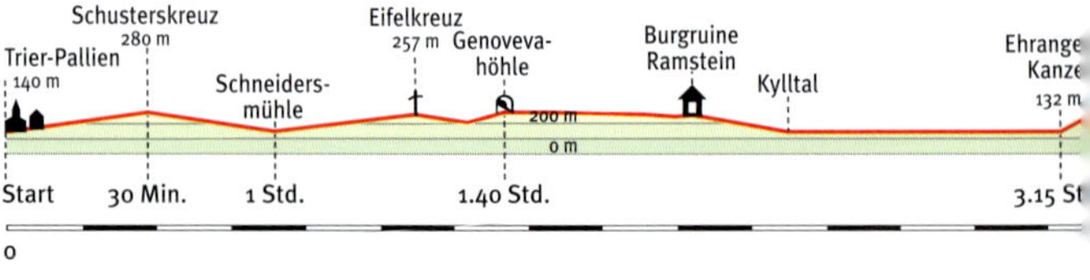

aus, bevor wir uns schließlich hinter dem Informationszentrum Waldhaus links Richtung Burgruine Ramstein (Wegweiser u. a. »Ramstein«) in den Wald begeben.

Wir folgen nun bis zur Ruine ständig einem Pfeil, der gegen die Laufrichtung weist. Hilfreich sind auch die häufigen Hinweisschilder zur Burg Ramstein. Es beginnt der lange Anstieg zum Schusterskreuz. Man geht immer geradeaus, verschiedene Abzweigungen werden links bzw. rechts liegen gelassen. Ein kurzes Stück verläuft auch der Waldlehrpfad auf der Wanderroute. Gut 1 km hinter dem Waldhaus erreichen wir neben der Schutzhütte **Schusterskreuz** die Höhe (30 Min.).

Hier kreuzt man einen Weg und biegt direkt dahinter rechts ab (Schild: »Burg Ramstein«). Es geht zunächst steil abwärts, dann lässt das Gefälle deutlich nach. Man geht geradeaus an zwei Abzweigungen vorbei. 300 m hinter Schusterskreuz biegen wir links in einen breiten Schotterweg ein, der uns zur Autobahn hinunterführt. An dieser läuft die Route nun ein kurzes Stück rechts entlang, bevor per Unterführung auf die andere Seite gewechselt wird. Hier geht man links ebenfalls ein Stück an der **Autobahn** entlang, bevor man nach rechts abbiegt.

Wir steigen nun in das Biewertal ab und überqueren den munteren Bach, in dessen Wiesen im Frühjahr in großer Zahl Dotterblumen blühen. Hoch über dem Biewerbach ist die Autobahnbrücke zu sehen. Unser Wanderweg mündet in die Straße nach Biewer. Wir gehen ganz kurz im Tal abwärts und biegen dann 100 m hinter der **Schneidersmühle** links in einen breiten Waldweg ein (1 Std.). Es steigt erst leicht, dann stärker. Wir befinden uns in Nadelmischwald. Knapp 2 km hinter der Schneidersmühle ist man auf der Höhe, auf der ein hohes Holzkreuz steht, das **Eifelkreuz** (1.20 Std.). Hier befindet sich auch eine Schutzhütte. Eindrucksvoll: die hohen Kiefern und die mächtigen Eichen rundum.

An der Wegespinne hält man sich halblinks und folgt dem Wegweiser zur Genovevahöhle (Markierung T 5). Es geht zunächst ca. 200 m abwärts und danach geradeaus aufwärts an einer Abzweigung vorbei und dicht dahinter nach links (Wegweiser zur Burg Ramstein). Zunächst steigt die Route noch einmal auf 100 m, dann geht es stark bergab.

Beim Abstieg muss man aufpassen, dass man links die unscheinbare Abzweigung Richtung Burg Ramstein nicht verpasst (markiert mit T 5 und Pfeil). Hier geht es in einen schmalen Pfad, auf dem stellenweise dichtes Gebüsch das Durchkommen erschwert. Es besteht starkes Gefälle. Nach 300 m kreuzen wir einen breiten Weg. Es geht weiter auf schmalem Pfad abwärts. Kurz darauf wird auf einem Holzbrückchen ein winziger Bach überquert, nun steigt die Route wieder an. Zwei Abzweigungen werden ignoriert. Dann ist man oben angelangt. Hier, im Buchenwald, gut 1 km hinter dem Eifelkreuz, zweigt links der Weg zur **Genovevahöhle** ab, die ca. 500 m entfernt ist (1.40 Std.; steiler Aufstieg). Der Abstecher zu dieser großen offenen Höhle im mächtigen Sandsteinfelsen lohnt sich unbedingt.

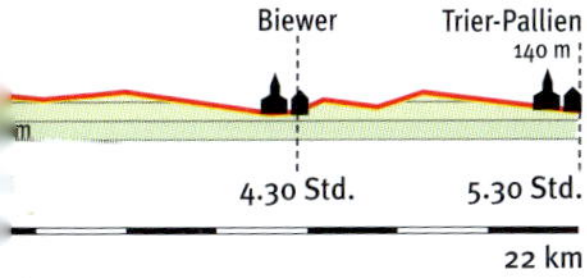

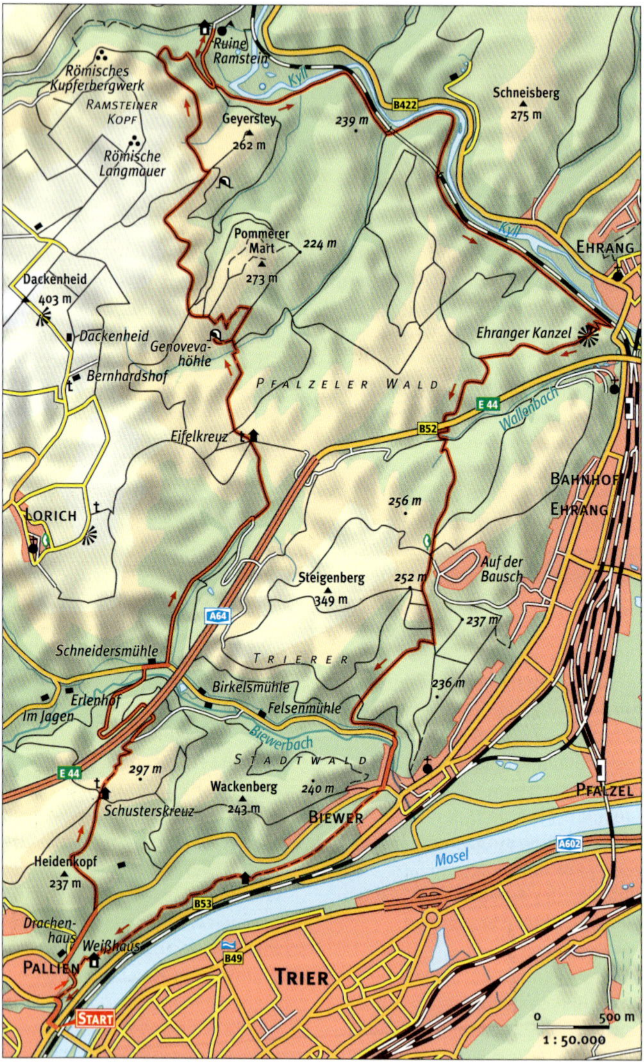

Wir gehen geradeaus weiter Richtung Ramstein, zunächst leicht bergab, dann leicht bergauf. Eine Stelle des Kiefernwaldes gibt den Blick frei auf die mächtigen Sandsteinfelsen, zu denen auch die Genovevahöhle gehört. Nach 500 m erreichen wir eine Kreuzung, an der wir uns nach links wenden (Wegweiser: »Burg Ramstein«). Es geht nun noch einmal ein wenig bergauf. An der folgenden Verzweigung hält man sich rechts (»Burg Ramstein«) und wandert dann bergab.

Wir erreichen eine Dreier-Verzweigung, an der wir den mittleren Weg wählen (an einer Buche Hinweis auf »Burg Ramstein«). 400 m weiter ist man unten am Bach und geht in den Querweg links hinein. 200 m weiter halten wir uns rechts. Dann geht es ein letztes Mal bergauf, bevor der Abstieg in das Kylltal beginnt. Bald darauf kommt man an die Straße, die links zur nur 300 m entfernten **Burg Ramstein** hinaufführt (2.15 Std.). Hier steht nicht nur die Besichtigung der Burgruine an, es bietet sich auch eine gute Gelegenheit zum Einkehren (zwei Restaurants). Wir kehren dann wieder zu der Abzweigung zurück und setzen den Abstieg in das 200 m entfernte **Kylltal** fort. Danach geht es auf dem Kylltalradweg in dem üppig bewachsenen Tal (u. a. Erlen, Pappeln, Ulmen, Weiden, Haseln) abwärts.

Nach etwa 4 km (kurz vor Ehrang) biegen wir schließlich rechts in den Wald ab und folgen dem Moselhöhenweg (M) Richtung Trier (3.15 Std.). Es geht zunächst auf einem Weg aufwärts. Nach ca. 150 m müssen wir dann links in einen schmalen Pfad. Der Anstieg ist nun sehr steil. Die Höhe, die **Ehranger Kanzel,** wird bei einer Hütte erreicht, von der man eine hervorragende Aussicht hat: Man blickt auf das Trierer Tal, den Trierer Hafen, auf Ruwer, Kenn, Ehrang und Schweich.

Wir folgen weiterhin dem Moselhöhenweg (M). Die Strecke ist nun flach, die verschiedenen Abzweigungen werden ignoriert, es geht weitgehend geradeaus bis zu einer Kreuzung im Kiefernwald. Hier hält man sich links (markiert). Der Weg führt im Kiefernwald abwärts. Nach der Autobahn-Unterquerung geht es weiter abwärts. Nach 200 m mündet unser Weg in ein Teersträßchen, wir halten uns links. Auf diesem bleibt man nur wenige Meter und biegt dann nach rechts ab.

Ein roter Sandweg führt uns aufwärts. Nach ca. 50 m kommt eine Verzweigung, auf der wir uns links halten. Bei **zwei mächtigen Eichen** (unter Denkmalschutz) tritt man schließlich in das Gelände der ehemaligen US-Siedlung »Auf der Bausch« hinaus. Der Wanderweg führt – meist abwärts – am Waldrand entlang (Orientierung: M). Etwa 700 m hinter den Eichen beginnt rechts der über 1 km lange Abstieg nach Biewer.

Der Moselhöhenweg mündet in die Johannes-Kerscht-Straße, die Hauptstraße von **Biewer** (4.30 Std.). Man hält sich links. Es geht dann ca. 300 m auf dieser Straße abwärts. Eingangs einer Linkskurve biegen wir halbrechts ab und folgen dem Moselhöhenweg (M) in einen Pfad, der auf den nächsten 400 m stark bergan führt. Auf der Höhe verläuft die Route erst flach, dann geht es erst leicht und schließlich stärker bergab. Es folgt ein längerer, teilweise sehr steiler Anstieg. 300 m hinter der **Schutzhütte** befinden wir uns wieder auf der Höhe. Hier haben wir eine ausgezeichnete Aussicht auf die Stadt Trier und ihre Umgebung.

Kurz dahinter beginnt der Abstieg nach Trier-Pallien. Nach ca. 1 km erreichen wir das populäre Ausflugslokal **Weißhaus,** das per Kabinenbahn mit dem Trierer Moselufer verbunden ist. Wir gehen rechts vom Restaurant 10 m treppabwärts, passieren ein Tor und biegen links in einen Weg ein (Markierung M). Kurz danach trifft man auf den Weg, auf dem wir zu Beginn von der **Kaiser-Wilhelm-Brücke** heraufgekommen sind. Bis zum Ausgangspunkt sind es nur noch 500 m. Beim Abstieg kann man erneut den Blick auf **Trier** genießen (5.30 Std.).

Register

Abbildungsnachweis

Abbildungen vom Autor, außer:
Ralf Freyer, Freiburg: S. 28, 61
Michael Jeiter, Merzenich: S. 1, 32, 44, 86, 142
Karl Maas, Schalkenmehren: S. 40
H. P. Merten, Kastel-Staadt: Titelbild, S. 8/9, 12, 14, 48, 72, 78, 81, 94/5, 102, 110, 118, 128

Kartografie: Gerald Konopik, Puchheim, © DuMont Reiseverlag

Impressum

Titelbild: Ruine Metternich über Beilstein

Über den Autor:
Eberhard Schmitt-Burk studierte Volkswirtschaft, Philosophie und Soziologie. Seit 1979 ist er als freiberuflicher Buchautor tätig. Verfasser mehrerer Sachbücher und Reiseführer zur Türkei und Indien sowie verschiedener Fahrradreiseführer für deutsche und europäische Regionen.

Die deutsche Bibliothek – CIP-Einheitsaufnahme

Schmitt-Burk, Eberhard
Wandern an der Mosel : 35 Touren, exakte Karten, Höhenprofile / Eberhard Schmitt-Burk. - Köln : DuMont Reiseverlag, 2002
(DuMont aktiv)
ISBN 3-7701-5335-9

Grafisches Konzept: Groschwitz, Hamburg

Druck: Rasch, Bramsche
Buchbinderische Verarbeitung: Bramscher Buchbinder Betriebe

ISBN 3-7701-5335-9